本书为湖南省社科基金项目"'专精特新'政策赋能湖南中小企业技术创新的效应评价及优化路径研究"（项目编号：22JD057）研究成果。

# 专精特新"小巨人"企业发展研究

ZHUAN-JING-TE-XIN "XIAOJUREN"
QIYE FAZHAN YANJIU

郭建华 著

西南财经大学出版社
Southwestern University of Finance & Economics Press
中国·成都

**图书在版编目(CIP)数据**

专精特新"小巨人"企业发展研究/郭建华著.

成都:西南财经大学出版社,2024.6. --ISBN 978-7-5504-6240-3

Ⅰ.F279.23

中国国家版本馆 CIP 数据核字第 2024SE3181 号

专精特新"小巨人"企业发展研究

郭建华　著

责任编辑:李晓嵩

责任校对:王　琳

封面设计:何东琳设计工作室

责任印制:朱曼丽

| | |
|---|---|
| 出版发行 | 西南财经大学出版社(四川省成都市光华村街55号) |
| 网　　址 | http://cbs.swufe.edu.cn |
| 电子邮件 | bookcj@swufe.edu.cn |
| 邮政编码 | 610074 |
| 电　　话 | 028-87353785 |
| 照　　排 | 四川胜翔数码印务设计有限公司 |
| 印　　刷 | 成都市新都华兴印务有限公司 |
| 成品尺寸 | 170 mm×240 mm |
| 印　　张 | 9.75 |
| 字　　数 | 140 千字 |
| 版　　次 | 2024 年 6 月第 1 版 |
| 印　　次 | 2024 年 6 月第 1 次印刷 |
| 书　　号 | ISBN 978-7-5504-6240-3 |
| 定　　价 | 68.00 元 |

# 序言

2016 年，工业和信息化部发布的《促进中小企业发展规划（2016—2020 年）》提出专精特新中小企业培育工程，鼓励专业化发展和精细化发展，支持特色化发展和新颖化发展。专精特新企业是指具有专业化、精细化、特色化、新颖化特征的企业。专精特新"小巨人"企业是指那些位于产业基础核心领域、产业链关键环节，创新能力突出、掌握核心技术、细分市场占有率高、质量效益好的优质中小企业。它是工业和信息化部培育优质中小企业、助力实现产业基础高级化和产业链现代化的重要一环。

2021 年 1 月 23 日，财政部、工业和信息化部联合印发《关于支持"专精特新"中小企业高质量发展的通知》，启动中央财政支持专精特新中小企业高质量发展政策，加快提升中小企业的专业化、精细化、特色化以及创新水平，通过中央财政资金引导，促进上下联动，将培优中小企业与做强产业相结合，加快培育一批专注于细分市场、聚焦主业、创新能力强、成长性好的专精特新"小巨人"企业，推动提升专精特新"小巨人"企业的数量和质量，助力实体经济特别是制造业做实做强做优，提升产业链供应链的稳定性和竞争力。

2022年6月1日，工业和信息化部发布的《优质中小企业梯度培育管理暂行办法》（以下简称《培育办法》）对优质中小企业的梯度培育做了详细规定，形成自创新型中小企业、专精特新中小企业和专精特新"小巨人"企业三个层次梯次分布的培育机制。《培育办法》进一步指出，创新型中小企业具有较高专业化水平、较强创新能力和发展潜力，是优质中小企业的基础力量；专精特新中小企业实现专业化、精细化、特色化发展，创新能力强、质量效益好，是优质中小企业的中坚力量；专精特新"小巨人"企业位于产业基础核心领域、产业链的关键环节，创新能力突出、掌握核心技术、细分市场占有率高、质量效益好，是优质中小企业的核心力量。

自2019年工业和信息化部公布第一批专精特新"小巨人"企业以来，先后有五批次共12 000多家企业获得专精特新"小巨人"企业称号，有98 000多家企业被评为专精特新中小企业。这些企业已经成为社会经济发展的生力军和创新发展的"领头羊"。

关于专精特新企业培育政策及其他产业政策的实施对企业发展起到哪些推动作用、产生哪些影响、政策实施效果如何等问题，不仅是政府关注的焦点，也成为学术界研究的热点。

鉴于此，本书首先对专精特新企业培育政策做简要解读，并对全国专精特新企业发展状况进行了概述；其次对湖南省专精特新"小巨人"企业发展现状进行了分析，剖析了发展过程中存在的问题、面临的困难，对湖南省专精特新企业创新发展能力进行了评价，并提出了对策建议；最后就专精特新企业的培育政策、减税降费、研发费用加计扣除等产业政策的实施对专精特新企业发展的影响进行了分析评价。

本书共分为八章，主要内容如下：

第一章专精特新企业与专精特新"小巨人"企业。本章主要介绍专精特新企业与专精特新"小巨人"企业的内涵、区别以及认定条件。

第二章我国专精特新"小巨人"企业发展成效、现状及成功经验。本章主要对我国专精特新"小巨人"企业的发展成效、区域分布、产业分布以及规模特征进行概述,对发达地区培育专精特新企业的经验进行了分析和阐述。

第三章湖南省专精特新"小巨人"企业发展现状、面临的困难及对策。本章以湖南省专精特新"小巨人"企业为对象,从企业所属产业分布、企业空间分布、企业规模、企业成立时间、企业上市情况、企业创新能力、企业经济效益与成长性、发展面临的难题八个方面进行了分析评价,并提出相应的对策建议。

第四章专精特新政策对企业创新能力提升的影响研究。本章选取上证主板75家上市专精特新"小巨人"企业为研究对象,就专精特新"小巨人"企业认定政策对企业创新能力提升的激励效果进行评价。实证分析结果表明,专精特新"小巨人"企业认定政策对企业创新能力提升有激励作用,但不同行业企业之间的创新激励效果存在差异。

第五章减税降费和政府补助对专精特新企业创新发展的影响研究。本章选取沪深A股市场专精特新企业为研究对象,以企业年龄为调节变量,以研发投入为中介变量,构建有中介的调节变量模型,就减税降费和政府补助对专精特新企业技术创新的激励效果进行了分析。研究结果表明:第一,减税降费对企业技术创新有较为显著的促进作用,但企业年龄在企业技术创新中有负调节作用,即企业成立初期,减税降费更能激励企业进行技术创新,随着企业的发展成熟,激励作用会减弱。第二,政府补助对专精特新企业技术创新的激励效果因企业规模和所属区域而异。

第六章专精特新企业创新能力评价及提升路径分析。本章首先分析了专精特新企业创新能力的内涵和构成要素，并构建了专精特新企业创新能力评价的指标体系；其次引入离差最大化方法和最小方差法分别确定评价指标权重和动态时间权重，以湖南省专精特新企业为研究对象，利用多阶段 TOPSIS 方法基于动态视角，对湖南省专精特新企业创新能力进行综合评价，并与中部其他五省的专精特新企业进行比较分析；最后为湖南省专精特新企业创新能力的提升给出了路径选择和策略建议。

第七章专精特新"小巨人"企业营商环境分析。本章首先对国家层面及 31 个省、自治区、直辖市的专精特新企业营商环境的支持政策进行一个总体梳理；其次以湖南省为例，具体对湖南省优化专精特新企业（含其他民营企业）营商环境的支持政策进行详细总结，分析湖南省专精特新企业发展环境存在的不足和问题，并提出相应对策建议。

第八章发挥专精特新"小巨人"企业示范引领作用的措施及建议。本章主要从"三级"培育体系、"三位一体"服务、创新驱动、上市引导、推动专精特新企业高质量发展等方面提出专精特新"小巨人"企业的培育路径以及发挥其示范引领作用的措施及建议。

郭建华

2024 年 1 月于邵阳学院

# 目录

# 第一章  专精特新企业与专精特新"小巨人"企业

## 一、专精特新企业

专精特新企业是指具有专业化、精细化、特色化、新颖化的发展特征的企业。引导中小企业专精特新发展有利于进一步激发中小企业活力和发展动力，推动中小企业转型升级；有利于以专精特新中小企业为基础，在核心基础零部件（元器件）、关键基础材料、先进基础工艺和产业技术基础等领域，培育一批主营业务突出、竞争力强、成长性好的专精特新"小巨人"，引导成长为制造业单项冠军。

"专"，即专业化（主营业务专注专业）。企业专注核心业务，采用专项技术或工艺，通过专业化生产制造专用性强、专业特点明显、市场专业性强的产品。其主要特征是产品用途的专门性、生产工艺的专业性、技术的专有性和产品在细分市场中具有专业化发展优势。

"精"，即精细化（经营管理精细高效）。企业经营管理精细高效，在经营管理中建立了精细高效的制度、流程和体系，实现了生产精细化、管理精细化、服务精细化，形成核心竞争力，产品或服务品质精良。

"特"，即特色化（产品服务独具特色）。企业针对特定市场或特定消费群体，利用特色资源、传统技艺、地域文化，或者采用独特的工艺、技术、配方、特殊原料研制生产或提供独具特色的产品或服务，具有独特性、独有性、独家生产特点，有较强的影响力和较高的品牌知名度。

"新"，即新颖化（创新能力成果显著）。企业创新能力成效显著，具有持续创新能力，并取得比较明显的成效。企业产品或服务属于新经济、新产业、新领域、新技术、新工艺、新创意、新模式等方面的创新成果，拥有自主知识产权，应用前景广阔，具备较高技术含量或附加值，经济效益和社会效益显著，具有良好的发展潜力。

## 二、专精特新"小巨人"企业

专精特新"小巨人"企业是指业绩良好、发展潜力和培育价值处于成长初期的专精特新小企业，通过培育推动其健康成长，最终成为行业中或本区域的"巨人"。专精特新"小巨人"企业是专精特新企业中的佼佼者，是专注于细分市场、创新能力强、市场占有率高、掌握关键核心技术、质量效益优的排头兵企业。

专精特新"小巨人"企业是集专业化、精细化、特色化、创新能力四个方面的优势于一体的高质量企业。专精特新"小巨人"企业需要梯度培育，即创新型小企业→专精特新小企业→专精特新"小巨人"企业→上市。

专精特新"小巨人"企业认定需要同时满足专、精、特、新、链、品六个方面的指标。

专精特新"小巨人"企业的专业化指标如下：

（1）截至上一年度末，企业从事特定细分市场时间达到 3 年以上。

（2）主营业务收入总额占营业收入总额比重不低于 70%。

（3）近 2 年营业收入平均增长率不低于 5%。

专精特新"小巨人"企业的精细化指标如下：

（1）重视并实施长期发展战略，公司治理规范、信誉良好、社会责任感强，生产技术、工艺及产品质量性能国内领先，注重数字化、绿色化发展,在研发设计、生产制造、供应链管理等环节至少 1 项核心业务采用信息系统支撑。

（2）取得相关管理体系认证，或者产品通过发达国家和地区产品认证（国际标准协会行业认证）。

（3）截至上一年度末，企业资产负债率不高于 70%。

专精特新"小巨人"企业的特色化指标如下：

（1）技术和产品有自身独特优势，主导产品在全国细分市场占有率达到 10% 以上。

（2）享有较高的知名度和较大的影响力，拥有直接面向市场并具有竞争优势的自主品牌。

## 三、专精特新企业和专精特新"小巨人"企业的区别

### （一）概念不同

2013 年 7 月 16 日，《工业和信息化部关于促进中小企业"专精特新"发展的指导意见》正式提出发展专精特新类中小企业，即促进中小企业走专业化、精细化、特色化、新颖化发展之路。

专精特新"小巨人"企业是在专精特新企业范围内，进一步开展"小巨人"企业的认定。

### （二）奖补政策不同

专精特新企业奖补政策：每户给予一次性 20 万~30 万元奖补（以各地方具体奖补金额为准）。

专精特新"小巨人"企业奖补政策：每户给予一次性 50 万~100 万元奖补（以各地方具体奖补金额为准）。

## 四、专精特新企业和专精特新"小巨人"企业的认定条件

### （一）专精特新企业的认定条件

专精特新企业每年的认定条件不完全一致，具体以当年工业和信息化

部下发通知为准。

从 2023 年申报条件看，专精特新企业需满足以下条件：

（1）同时满足以下四项条件即视为满足认定条件。

①在特定细分市场时间达到 2 年以上。

②上年度营业收入总额在 1 000 万元以上，或者近 2 年新增股权融资总额（合格机构投资者的实缴额）2 000 万元以上。

③上一年度研发费用总额不低于 100 万元，且占营业收入总额比重不低于 3%。

④满足下列条件之一：

第一，近 3 年获得过省级科技奖励，并在获奖单位中排名前三或获得国家级科技奖励，并在获奖单位中排名前五。

第二，近 2 年研发费用总额均值在 1 000 万元以上。

第三，近 2 年新增股权融资总额（合格机构投资者的实缴额）6 000 万元以上。

第四，近 3 年进入"创客中国"中小企业创新创业大赛全国 500 强企业组名单。

（2）除上述条件外，评分达到 60 分以上也符合公告条件。

专业化指标满分为 25 分，精细化指标满分为 25 分，特色化指标满分为 15 分，创新能力指标满分为 35 分。其中，创新能力指标得分不低于 20 分，专业化和精细化两项指标得分均不低于 15 分。

（二）专精特新"小巨人"企业的认定条件

（1）专精特新"小巨人"企业认定首先需要满足以下基础条件：

①已经被认定为专精特新小企业。

②近 3 年未发生过重大安全（含网络安全、数据安全）、质量、环境污染等事故。

③近 3 年未出现过严重失信、偷税漏税等违法违规行为。

④近 3 年未被发现存在数据造假等情形。

⑤未成为工业和信息化部制造业单项冠军示范企业或单项冠军产品的企业。

⑥与工业和信息化部已认定的专精特新"小巨人"企业不存在控股关系的企业。

⑦同一集团内未生产相似主导产品的企业。

（2）专精特新"小巨人"企业还需同时满足以下专、精、特、新、链、品方面的指标：

①资产负债率不高于 70%。

②截至上一年度末的近 2 年主营收入平均增长率达 5%。

③从事细分市场 3 年及以上（上一年度末），主营业务收入占营业收入 70%以上（上一年度）。

④企业主导产品占营业收入比重超过 50%，并且在全国细分市场的占有率为 10%以上，在国内细分行业中享有较高的知名度和较大的影响力。

⑤拥有有效发明专利 2 项或 I 类知识产权。

⑥企业在研发设计、生产制造、供应链管理等环节，至少一项核心业务采用信息系统支撑。

⑦自建或与高等院校、科研机构联合建立研发机构，设立技术研究院、企业技术中心、企业工程中心、院士专家工作站、博士后工作站等。

⑧取得相关管理体系认证，或者产品通过发达国家和地区产品认证（国际标准协会行业认证）。

⑨拥有自主品牌。

⑩营业收入 1 亿元以上的企业，近 2 年研发费用总额占营业收入总额比例均需要≥3%；营业收入 0.5 亿~1 亿元的企业，近 2 年研发费用总额占营业收入总额比例均需要≥6%；营业收入 5 000 万元的企业，需要近两年新增股权融资总额（合格机构投资者的实缴额）8 000 万元以上且研发

费用总额 3 000 万元以上，研发人员占企业职工总数比重 50%以上。

## 五、成为专精特新"小巨人"企业的意义

（一）推动产业升级

专精特新"小巨人"企业通过技术创新和产品升级，引领行业进步，推动整个产业向更高端、更具竞争力的方向发展。专精特新"小巨人"企业的成功经验可以为其他企业提供借鉴和参考，促进整个行业的升级。

（二）促进就业和经济增长

专精特新"小巨人"企业的崛起意味着更多的就业机会和经济增长点。在业务快速发展的同时，专精特新"小巨人"企业也会带动相关产业链上下游的发展，形成良性循环，为社会创造更多的价值和财富。

（三）优化营商环境

专精特新"小巨人"企业的涌现需要良好的营商环境和政策支持。政府在制定相关政策时会注重对创新创业的支持，提供更加便利的政策和服务，为专精特新"小巨人"企业的成长提供有力支持。

# 第二章 我国专精特新"小巨人"企业发展成效、现状及成功经验

## 一、我国专精特新"小巨人"企业发展成效

自 2019 年国家级专精特新"小巨人"企业培育计划正式实施以来，工业和信息化部已分五批累计公示专精特新"小巨人"企业 12 950 家，其中第一批入选公示 248 家，第二批入选公示 1 744 家，第三批入选公示 2 930 家，第四批入选公示 4 357 家，第五批入选公示 3 671 家。2022 年，工业和信息化部开展第一批复审工作，第一批复审 248 家企业，通过复审 155 家，申报通过率为 62.5%。2023 年，工业和信息化部第二批专精特新"小巨人"企业复审 1 744 家，通过复审 1 079 家，申报通过率为 61.87%。目前，全国累计培育专精特新"小巨人"企业 12 192 家（不含第一批、第二批复审未通过企业）超过《"十四五"促进中小企业发展规划》提出的 10 000 家专精特新"小巨人"企业的目标数量，"小巨人"企业培育计划已初见成效（见图 2-1）。

随着《优质中小企业梯度培育管理暂行办法》对专精特新"小巨人"企业认定标准的进一步明晰，专精特新"小巨人"企业总量快速提升，主导产业更加聚焦，专业化优势进一步凸显。

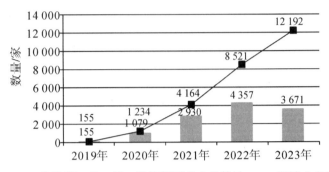

图 2-1　全国五批次专精特新"小巨人"企业认定数量及累计数量

数据来源：工业和信息化部官方网站。

专精特新"小巨人"企业的认定需要各省（自治区、直辖市）级中小企业主管部门进行审核推荐，工业和信息化部组织对被推荐企业进行审核、抽查和公示。

2019—2023 年，全国各省（自治区、直辖市）级有关部门累计推荐五批共 37 000 多家企业申报专精特新"小巨人"企业。其中，2021 年第三批专精特新"小巨人"企业推荐 8 000 家左右，通过认定 2 930 家，申报通过率为 36.63%。2022 年，由于《优质中小企业梯度培育管理暂行办法》的出台，各地明确了专精特新"小巨人"企业申报标准并且简化了申报条件。2022 年，第四批专精特新"小巨人"企业推荐 12 000 多家，工业和信息化部公示 4 357 家，申报通过率为 36.31%，2023 年，第五批专精特新"小巨人"企业推荐 17 000 多家，工业和信息化部公示 3 671 家，申报通过率为 21.59%（见图 2-2）。

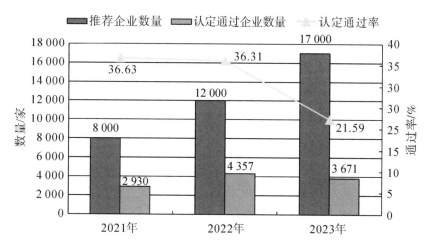

**图 2-2 全国专精特新"小巨人"企业推荐数量、认定通过数量及通过率**

数据来源：工业和信息化部官方网站。

此外，专精特新中小企业、专精特新"小巨人"企业有效期为 3 年，到期后由认定部门组织复核（含实地抽查），复核通过的，有效期延长 3 年。2022 年，工业和信息化部开展第一批复审工作，第一批复审 248 家企业，通过复审 155 家，复审通过率为 62.5%。2023 年，工业和信息化部第二批专精特新"小巨人"企业复审 1 744 家，通过复审 1 079 家，复审通过率为 61.87%（见图 2-3）。与专精特新"小巨人"初次申报相比，复审通过率大幅提高。

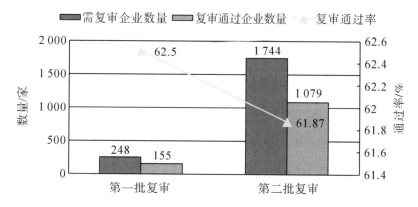

**图 2-3 第一批、第二批专精特新"小巨人"企业复审情况**

数据来源：工业和信息化部官方网站。

## 二、我国专精特新"小巨人"企业分布情况

（一）区域分布：东部地区、沿海省份专精特新"小巨人"企业数量明显偏多，企业数量与地区生产总值显著正相关

按东部地区、中部地区、西部地区、东北地区四大区域划分，专精特新"小巨人"企业多集中于经济较发达的东部地区（北京市、天津市、河北省、山东省、江苏省、上海市、浙江省、福建省、广东省、海南省），占全国专精特新"小巨人"企业总数的 63.54%；中部地区（山西省、河南省、安徽省、湖北省、江西省、湖南省）、西部地区（重庆市、四川省、贵州省、云南省、广西壮族自治区、陕西省、甘肃省、青海省、宁夏回族自治区、西藏自治区、新疆维吾尔自治区、内蒙古自治区）、东北地区（辽宁省、吉林省、黑龙江省）专精特新"小巨人"企业数量占比分别为 21.11%、11.64% 和 3.71%，专精特新"小巨人"培育数量的地域差异显著。

按省、自治区、直辖市划分，专精特新"小巨人"企业共分布在 31 个省、自治区、直辖市，数量排名前五的省（市）依次是广东省、浙江省、江苏省、山东省、北京市，合计占全国专精特新"小巨人"企业总量的 49.58%。我国各省、自治区、直辖市五批次专精特新"小巨人"企业公示数量见表 2-1。

表 2-1 我国各省、自治区、直辖市五批次专精特新"小巨人"企业公示数量

单位：家

| 地区 | 第一批 | 第二批 | 第三批 | 第四批 | 第五批 | 合计 |
|---|---|---|---|---|---|---|
| 广东 | 21 | 123 | 288 | 448 | 658 | 1 538 |
| 江苏 | 18 | 99 | 172 | 425 | 795 | 1 509 |
| 浙江 | 18 | 148 | 308 | 603 | 384 | 1 461 |
| 山东 | 24 | 124 | 221 | 402 | 300 | 1 071 |

表2-1(续)

| 地区 | 第一批 | 第二批 | 第三批 | 第四批 | 第五批 | 合计 |
|---|---|---|---|---|---|---|
| 北京 | 5 | 92 | 168 | 334 | 243 | 842 |
| 上海 | 19 | 63 | 182 | 245 | 206 | 715 |
| 湖北 | 8 | 48 | 121 | 306 | 217 | 700 |
| 安徽 | 19 | 68 | 149 | 259 | 129 | 624 |
| 湖南 | 10 | 69 | 162 | 174 | 116 | 531 |
| 四川 | 14 | 65 | 133 | 138 | 109 | 459 |
| 河南 | 5 | 91 | 115 | 167 | 52 | 430 |
| 河北 | 9 | 98 | 102 | 137 | 63 | 409 |
| 福建 | 10 | 113 | 104 | 133 | 45 | 405 |
| 辽宁 | 9 | 66 | 137 | 76 | 41 | 329 |
| 重庆 | 5 | 66 | 53 | 139 | 55 | 318 |
| 江西 | 7 | 35 | 109 | 73 | 56 | 280 |
| 天津 | 6 | 39 | 88 | 64 | 59 | 256 |
| 陕西 | 9 | 45 | 60 | 52 | 40 | 206 |
| 山西 | 2 | 65 | 47 | 40 | 15 | 169 |
| 广西 | 0 | 29 | 54 | 22 | 10 | 115 |
| 云南 | 8 | 35 | 17 | 20 | 16 | 96 |
| 吉林 | 4 | 15 | 21 | 25 | 15 | 80 |
| 贵州 | 4 | 14 | 36 | 17 | 9 | 80 |
| 新疆 | 5 | 18 | 25 | 14 | 11 | 73 |
| 黑龙江 | 0 | 18 | 22 | 19 | 12 | 71 |
| 甘肃 | 5 | 32 | 12 | 7 | 5 | 61 |
| 宁夏 | 0 | 29 | 8 | 3 | 3 | 43 |
| 内蒙古 | 2 | 15 | 10 | 5 | 5 | 37 |

表2-1(续)

| 地区 | 第一批 | 第二批 | 第三批 | 第四批 | 第五批 | 合计 |
|------|--------|--------|--------|--------|--------|------|
| 海南 | 0 | 14 | 3 | 4 | 1 | 22 |
| 青海 | 2 | 8 | 1 | 4 | 1 | 16 |
| 西藏 | 0 | 0 | 2 | 2 | 0 | 4 |

数据来源：工业和信息化部官方网站。

进一步研究发现，各省、自治区、直辖市专精特新"小巨人"企业数量与地区生产总值呈现出相关性。专精特新"小巨人"企业数量排名前十位的省份中（广东省、江苏省、浙江省、山东省、北京市、上海市、湖北省、安徽省、湖南省、四川省），有8个省市在全国地区生产总值排名中也位列前十位，另外2个省市位于前15位。专精特新"小巨人"企业数量排名后10位的省份（西藏自治区、青海省、海南省、内蒙古自治区、宁夏回族自治区、甘肃省、黑龙江省、新疆维吾尔自治区、贵州省、吉林省），主要集中在东北地区和西部地区，这些省份地区生产总值在全国排名也相对靠后。

专精特新"小巨人"企业数量"分布不均"的特征与区域经济发展水平不平衡的特点基本一致。

（二）城市间差异：一线城市专精特新"小巨人"企业数量遥遥领先

在全国专精特新"小巨人"企业数量城市排名中，五批次国家级专精特新"小巨人"企业累计数量中，北京市有834家（剔除复审未通过和外迁企业，下同），居第一位；深圳市以752家紧随其后；上海市有713家，排第三位；苏州市（401家）、宁波市（352家）、杭州市（325家）、重庆市（310家）、武汉市（310家）、成都市（288家）、天津市（255家）依次排第四至第十位。

总体而言，专精特新"小巨人"企业数量与城市经济发展水平基本上呈正相关关系，但是也有少数"例外"。例如，广州市地区生产总值稳居全国前五位，但是广州市专精特新“小巨人”企业数量未进全国城市排名的前十位，仅位居全国第 15 位，排在青岛市、厦门市、长沙市和合肥市等城市的后面。又如地区生产总值排名全国前十位的南京市，专精特新“小巨人”企业数量按城市排名，仅排全国第 20 位。

（三）行业分布：聚焦战略性新兴产业、先进制造业，行业集中度持续提高

从产业分布看，专精特新“小巨人”企业超六成属于工业基础领域、超八成属于战略性新兴产业及相关服务业，行业分布十分集中，是保障产业链供应链稳定的重要支撑。

按企业所属行业大类划分，全国专精特新“小巨人”企业主要分布在机械制造、电子设备及计算机硬件、化学化工、商贸服务、科学研究和技术服务、电力设备等行业领域。教育、文娱传媒、燃气生产与供应、市政服务、电信服务、广播电视传输服务及设备、石油化工、交通运输、金融服务、农牧渔等行业专精特新“小巨人”企业分布数量较少。以工业和信息化部第四批公示的 4 357 家专精特新“小巨人”企业为例，机械制造业有 1 216 家，电子设备及计算机硬件业有 479 家，化学化工业有 357 家，商贸服务业有 353 家，科学研究和技术服务业有 353 家，电力设备业有 288 家，占比近七成，达 69.91%（见图 2-4、图 2-5）。第五批专精特新“小巨人”企业中，机械制造业企业数量占比为 25.62%，科学研究和技术服务业占比为 11.33%，电子设备及计算机硬件业占比为 11.04%（见图 2-6）。这和国家的“制造强国”战略规划相吻合，突显“中国制造”这一国家战略规划。

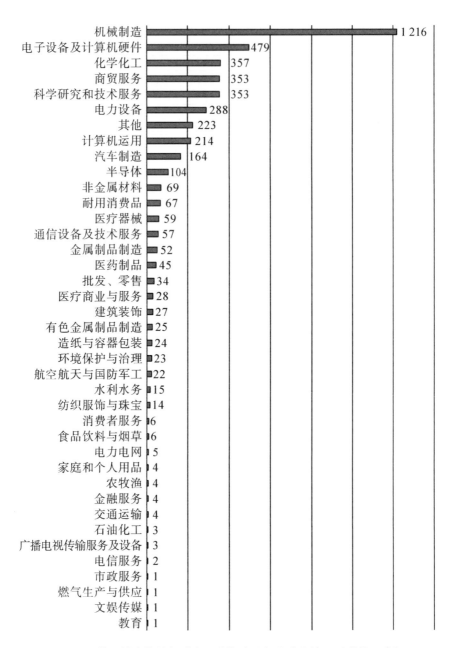

机械制造 1 216
电子设备及计算机硬件 479
化学化工 357
商贸服务 353
科学研究和技术服务 353
电力设备 288
其他 223
计算机运用 214
汽车制造 164
半导体 104
非金属材料 69
耐用消费品 67
医疗器械 59
通信设备及技术服务 57
金属制品制造 52
医药制品 45
批发、零售 34
医疗商业与服务 28
建筑装饰 27
有色金属制品制造 25
造纸与容器包装 24
环境保护与治理 23
航空航天与国防军工 22
水利水务 15
纺织服饰与珠宝 14
消费者服务 6
食品饮料与烟草 6
电力电网 5
家庭和个人用品 4
农牧渔 4
金融服务 4
交通运输 4
石油化工 3
广播电视传输服务及设备 3
电信服务 2
市政服务 1
燃气生产与供应 1
文娱传媒 1
教育 1

**图 2-4 第四批专精特新"小巨人"企业行业分布情况（单位：家）**

数据来源：工业和信息化部官方网站。

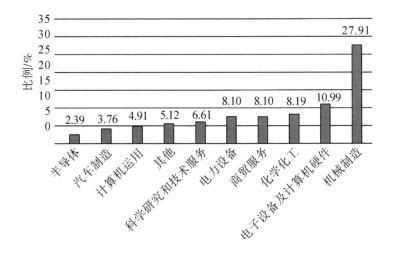

**图 2-5 第四批专精特新"小巨人"企业行业领域占比（前十位）**

数据来源：工业和信息化部官方网站。

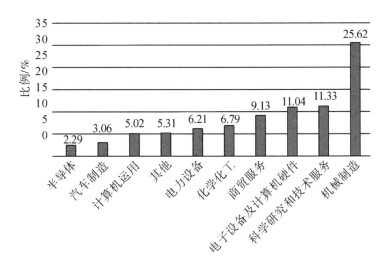

**图 2-6 第五批专精特新"小巨人"企业行业领域占比（前十位）**

数据来源：工业和信息化部官方网站。

（四）企业人员规模分布：总体呈下降趋势

自 2019 年国家级专精特新"小巨人"培育计划正式实施以来，从工业和信息化部公示的企业名单可以看出，企业平均社保人数呈现下降趋势，尤其在 2021 年第三批名单中企业平均社保人数由 338 人下降至 278 人，降低了 17.8%；在 2023 年达到新低，平均社保人数只有 250 人（见图 2-7）。

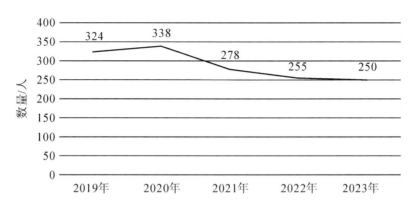

图 2-7　专精特新"小巨人"企业平均规模

数据来源：工业和信息化部官方网站。

（五）企业类型分布：有限责任公司是主体

在专精特新"小巨人"企业中，有限责任公司、非上市股份公司、上市股份公司数量分别为 8 128 家、3 246 家、801 家，占比分别为 66.67%、26.62%、6.57%（见图 2-8）。非上市公司占比超过 93%。截至 2023 年 8 月底，在全部批次专精特新"小巨人"企业中，共有 882 家上市企业。北京证券交易所（简称"北交所"）是专精特新企业在国内上市的主阵地之一。

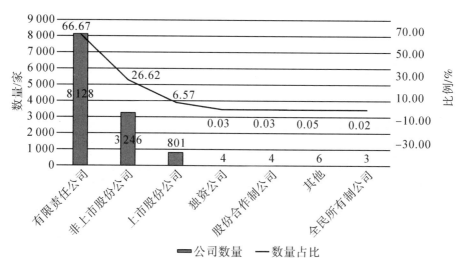

**图 2-8　专精特新"小巨人"企业类型分布**

数据来源：工业和信息化部官方网站。

## 三、发达地区培育专精特新"小巨人"企业的经验

（一）构建中小企业梯度培育格局，为专精特新"小巨人"企业培育强基固本

一是按行政级别划分培育库，调动不同行政级别的资源和力量为企业提供支持。例如，广东省、江苏省、浙江省、山东省等对符合梯度培育的专精特新产品、企业，构建了省、市、县三级联动的专精特新企业培育库，精准指导和服务，依托工业云平台，建立和完善专精特新"小巨人"企业运行监测体系，建立"小巨人"企业市场监测、风险防范和预警机制。

二是按企业发展成熟层次靶向培育，尊重企业发展规律，激发产业活力。例如，广东省运用大数据分析判断专精特新"小巨人"企业在远期、中期、近期挂牌上市的成熟度以及市场定位和要求等，制作企业画像和企业标签，按照"潜在拟挂牌上市企业""重点拟挂牌上市企业""优先支持拟挂牌上市企业"等不同成熟度层次，实施靶向培育。

（二）推动公共服务高质量发展，为专精特新"小巨人"企业发展全方位保驾护航

一是为专精特新"小巨人"企业提供"一户一档"。例如，青岛市建立了企业成长档案，开展"一户一档"工作，向企业提供涵盖优惠政策、税收风险、纳税服务等内容的税收解决建议，帮助企业用好用足税费政策，规范会计税收核算，防范税收风险。宁波市精心选择了10家中小企业公共服务示范平台，根据企业成长档案，面向专精特新"小巨人"企业开展企业创新能力提升、上市融资辅导、创新成果转化、数字化赋能、高端人才培育、法律咨询、政策辅导、资源对接等全方位服务。

二是推出凭"券"兑换公共服务的创新模式。例如，江苏省通过发放信息化券、创新券等普惠扶持方式，支持小微企业专精特新发展。北京市推出专精特新服务券，企业可以使用服务券享受优惠，并在高新技术企业认定、知识产权贯标、新技术新产品认定、人力资源培训、招聘等服务领域享受更多优惠。

（三）用好创新工具丰富企业融资渠道，为专精特新"小巨人"企业融通资金活水

一是股权与资本市场助推。例如，江苏省提出每年组织一批中小企业在地方交易所"专精特新板"挂牌上市。深圳市建立资本顾问机制，搭建产融对接平台，加强对专精特新"小巨人"企业的对接，促进产融合作。北京市支持龙头企业围绕供应链上下游开展股权投资，鼓励社会资本与政府投资基金开展合作。

二是保险与融资助推。例如，北京市鼓励保险公司加强产品创新，为重大技术创新产品的首制、首购、首用提供产业链上下游配套保险服务。深圳市鼓励银行机构同保险机构深化合作，有效发挥保单增信的作用，发展保单融资业务，更好满足外贸中小企业融资需求。

（四）推动大中小企业协同创新，为专精特新"小巨人"企业发展蓄势添能

一是推动大中小企业融通创新。例如，北京市围绕龙头企业薄弱环节，组织专精特新"小巨人"企业开展揭榜攻关和样机研发，支持专精特新"小巨人"企业围绕产业链布局开展并购重组，吸引上下游企业在北京落地。山东省围绕专精特新"小巨人"企业分布集中的重点产业链，采取政府指导、平台承办、双向互动形式，常态化组织产业链"链主"与上下游专精特新"小巨人"企业供需见面、路演推介等系列活动。

二是专业设备和能力共享。例如，山西省优选创新服务机构，组建重点行业服务联盟（平台），开放研发试验检验设施设备，提供专精技术，帮助研发产品，并通过"需求卡"使企业与服务联盟（平台）精准对接。

## 四、启示与建议

（一）完善专精特新"小巨人"企业的公共服务体系

精准化和定制化公共服务是培育专精特新"小巨人"企业的有效抓手，政府要倾力打造特色化公共服务体系，用心提升服务水平。政府应加大优质"小巨人"企业公共服务平台培育力度，围绕政策、培训、研发、融资等服务方向，对专精特新"小巨人"企业开展普惠性服务和"点对点"精准化服务；组织有关力量，开发专精特新"小巨人"企业培育系统，梳理专精特新"小巨人"企业分产业链数据，以信息化手段提升企业培育的精准性；汇总专精特新企业扶持政策，筛选为专精特新企业提供针对性服务的部分优质第三方机构，帮助企业全面了解各级政府出台的专精特新企业支持政策。

（二）强化专精特新"小巨人"企业的融资服务保障

资本是孵化专精特新"小巨人"企业的重要力量，金融支持应连续稳定可持续。政府应研究制定对专精特新"小巨人"企业的采购清单，完善

政府采购和大企业采购政策，扩大对中小企业特别是专精特新"小巨人"企业的采购范围，缓解企业资金压力；建立专精特新"小巨人"企业融资需求工作清单，开放设立中小企业领域专业银行，举办专精特新"小巨人"企业专场融资对接活动，针对专精特新"小巨人"企业的融资需求提供更具差异化的金融服务，优化再融资、并购重组、股权激励等制度，提升融资效率；建立专精特新"小巨人"企业上市培育清单，每年组织一批专精特新"小巨人"企业在地方交易所"专精特新板"挂牌上市。

（三）构建专精特新"小巨人"企业的协同发展模式

专精特新"小巨人"企业是大企业、龙头企业供应链上的关键一环，大企业、龙头企业要充分发挥产业链龙头企业的牵引带动作用，支持更多专精特新"小巨人"企业进入供应链产业链，推动专精特新"小巨人"企业的协同创新和融通发展。政府应实施专精特新"小巨人"企业"卡位入链"专项行动计划，推动专精特新"小巨人"企业"卡位入链"与大企业高效对接、协同发展，把产业链断点、堵点变为企业新的利润增长点；加大共性技术赋能支持力度，构建国有大企业与专精特新"小巨人"企业设备共享、产能共享、技术共享等模式，形成融合的数字化创新产业群产业链；确保产业链价值链各环节市场信息和市场准入渠道的畅通，加强专精特新"小巨人"企业与大企业、科研院所的创新研发互动，创造专精特新"小巨人"企业参与创新和分工的机会。

# 第三章 湖南省专精特新"小巨人"企业发展现状、面临的困难及对策

　　工业和信息化部评选认定的第一至第五批次专精特新"小巨人"企业，湖南分别有 10 家、69 家、162 家、174 家、116 家企业入选，共 531 家企业。湖南省专精特新"小巨人"企业数量排名全国第九位，较全国排名第一位的广东省（1 538 家）少 1 007 家；在中部地区六省中湖南省排名第三位，较湖北省（700 家）和安徽省（624 家）分别少 169 家、93 家（见图 3-1）。

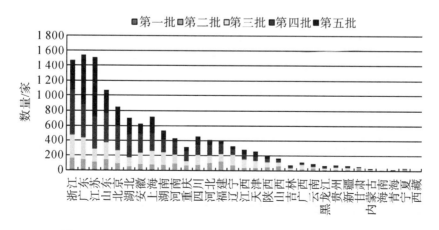

图 3-1　2019—2023 年全国专精特新"小巨人"企业分布情况

本章聚焦湖南省专精特新"小巨人"企业,针对这 531 家企业从规模体量、所属行业领域、企业成长能力、创新能力和经营业绩等角度进行深入分析,旨在更好地发挥其示范带动作用,引导广大中小企业走专精特新发展道路,为提升湖南省产业基础高级化和产业链现代化水平、构建现代化产业体系提供有力支撑。

## 一、产业分布

湖南省专精特新"小巨人"企业所属行业绝大部分为制造业。数据显示,湖南省 531 家专精特新"小巨人"企业中,有 71%(376 家)的企业分布在制造业,29%(155 家)的企业分布在服务业。其中,排名前五位的产业分别为研究和试验发展(78 家),通用设备(54 家),电气机械和器材(47 家),专用设备(46 家),计算机、通信和其他电子设备(38家),合计 263 家,占比达 49.53%(见图 3-2)。

根据企业技术密集程度,湖南省 531 家专精特新"小巨人"企业可以分为以下三个层次:

一是技术密集程度相对较高的企业数量为 332 家,占比为 65.52%,包括研究和试验发展,通用设备,电气机械和器材,专用设备,计算机、通信和其他电子设备,专业技术,铁路、船舶、航空航天,软件和信息技术,医药,仪器仪表,汽车 11 个行业。

二是技术密集程度相对较低的企业数量为 161 家,占比为 30.32%,包括化学原料和化学制品、有色金属冶炼和加工、科技推广和应用、金属制品业、非金属矿物制造业、其他制造业、废弃资源综合利用 7 个行业。

三是技术密集程度低的企业数量为 38 家,占比为 7.16%,包括批发零售、橡胶和塑料制品、生态环保和环境治理、纺织服装、食品及饲料添加剂、其他金融业 6 个行业。

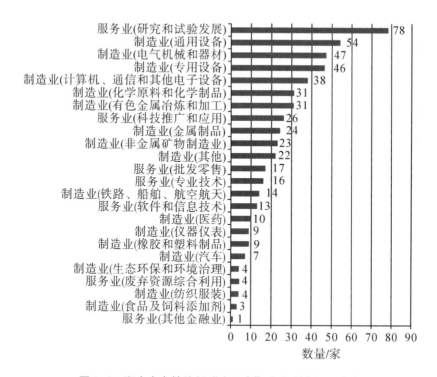

图 3-2　湖南省专精特新"小巨人"企业所在行业分布

## 二、空间分布

### (一)湖南省各市(州)专精特新"小巨人"企业数量

数据显示,湖南省 531 家专精特新"小巨人"企业主要集中在长株潭地区,共 314 家,占比为 59.13%;长沙市专精特新"小巨人"企业数量明显领先,共 194 家,占比为 36.53%。位于湘西和湘南地区的郴州市、娄底市、永州市、邵阳市、怀化市、张家界市和湘西土家族苗族自治州(以下简称"湘西州")7 个市(州)共 79 家,占比为 14.88%(见图 3-3)。这表明,湖南省专精特新"小巨人"企业的培育发展存在一定的空间不均衡现象。另外,专精特新"小巨人"企业数量与各地经济发展差异在一定程度上相一致。

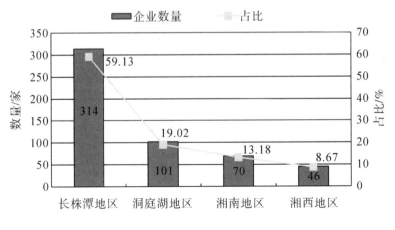

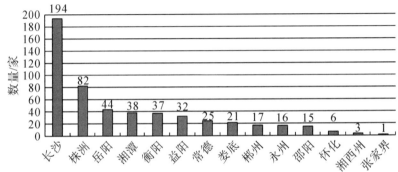

图 3-3　湖南省分区域/市（州）专精特新"小巨人"企业数量分布

　　专精特新"小巨人"企业的培育发展与产业基础、营商环境、政策助力密不可分。长沙市专精特新"小巨人"企业之所以能够领跑湖南省，一方面得益于产业根基深厚和强大的经济发展基础支撑，孕育出一大批科技型中小企业作为后备力量；另一方面又与长沙市当地企业重视科技研发投入关系密切。

　　（二）产业的空间分布特征

　　从地理分布来看，湖南省专精特新"小巨人"企业的空间分布可以概括为三大类：核心集聚分布、连绵成片分布、散点分布。三种分布形态意味着三种不同的发展模式。核心集聚分布是因为企业要依托强大的智力、技术支持，共享资源，因此形成集聚核心；连绵成片分布的企业依托基础优势，同时与其他企业配合协作；散点分布则是受到政策影响较大，城市之间存在竞争的可能性。

通过三种分布形态，我们可以初步发现：第一，湖南省专精特新"小巨人"企业中，除少数企业呈现核心集聚分布和连绵成片分布外，大部分企业呈现散点分布。第二，依托单个城市未必是良好的发展模式，很多行业企业需突破城市界限，在更广域的城市群层面形成配合协作，从而使产业发展壮大。

1. 不同行业的空间分布特点

（1）核心集聚分布。从产业分布来看，呈现核心集聚分布的行业主要包括研究和试验发展、科技推广和应用、软件和信息技术（见图3-4），而且这些行企业主要以长沙市为中心集聚，特别是软件和信息技术行业企业，几乎全部落户长沙市。这些企业是技术密集程度相对较高的企业，表明长沙市作为湖南省发展的中心极，在高技术领域处于领先地位。

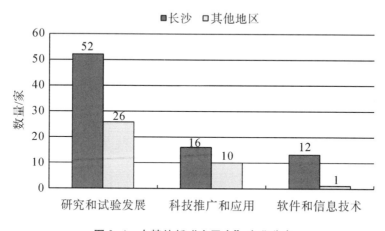

图3-4　专精特新"小巨人"企业分布

研究和试验发展行业主要是指为增加知识存量（包括有关人类、文化和社会的知识）以及设计已有知识的新应用而进行创造性、系统性工作的行业。其包括基础研究、应用研究和试验发展三种类型。湖南省专精特新"小巨人"企业涉及此行业的有78家，其中52家企业分布在长沙市，占比为 66.67%。

科技推广和应用行业属于服务业，经营范围是技术开发、技术推广、技术转让、技术咨询、技术服务。湖南省共有 26 家专精特新"小巨人"企业从事该行业，其中长沙市有 16 家，占比为 61.54%。

软件和信息技术行业主要利用计算机、通信网络等技术对信息进行生产、收集、处理、加工、存储、运输、检索和利用，并提供信息相关服务，包括软件开发、集成电路设计、信息系统集成和物联网技术服务、运行维护服务、信息处理和存储支持服务、信息技术咨询服务、数字内容服务等。湖南省共有 13 家从事软件和信息技术服务业的专精特新"小巨人"企业，其中 12 家落户长沙，占比为 92.31%。

（2）连绵成片分布。从产业分布来看，呈现连绵成片分布的行业主要包括非金属矿物制造业、专业技术服务业、通用设备制造业、专用设备制造业。

湖南省涉及非金属矿物制造业的专精特新"小巨人"企业共 23 家，主要分布在长沙市、株洲市、娄底市、湘潭市等，呈现连绵成片分布。

专业技术服务业是指由专门为客户或社会提供职业化和科技服务活动的机构所组成的现代服务行业。湖南省涉及该行业的专精特新"小巨人"企业共 16 家，分布在长沙市、湘潭市、衡阳市、岳阳市、益阳市等，地理上沿湖南省东南方向形成连绵成片分布。

湖南省涉及通用设备制造业的专精特新"小巨人"企业有 54 家，主要分布在三大片区：长株潭地区的长沙市、株洲市、湘潭市，共 33 家；洞庭湖地区的常德市、岳阳市、益阳市，共 12 家；湘西和湘南地区的衡阳市、娄底市、邵阳市、郴州市，共 9 家。整体上，该行业企业呈现连绵成片分布。

专用设备制造业主要包括专用设备制造、机械制造。湖南省涉及该行业的专精特新"小巨人"企业有 46 家。其中，长沙市 20 家，株洲市 6 家，湘潭市 5 家，岳阳市 4 家，益阳市 2 家，娄底市 6 家，6 个市共 43 家，呈现连绵成片分布。另外3家企业分布在邵阳市、衡阳市、郴州市。

（3）散点分布。呈现散点分布的行业主要包括电气机械和器材制造业，化学原料和化学制品制造业，计算机、通信和其他电子设备制造业，金属制品制造业，橡胶和塑料制品制造业，医药制造业，仪器仪表制造业，有色金属冶炼和加工制造业。这些行业企业数量相对较少，且散布在多个城市，没有形成明显核心集聚分布，也未形成连绵成片分布。

电气机械和器材制造业主要涉及电力的产生、输送、使用等相关设施的制造。湖南省涉及电气机械和器材制造业的专精特新"小巨人"企业有47家，分布在长沙市（6家）、株洲市（10家）、湘潭市（11家）、衡阳市（3家）、郴州市（2家）、邵阳市（3家）、永州市（3家）、岳阳市（2家）、常德市（2家）、益阳市（4家）、娄底市（1家），地理空间上形成众多散点分布。

化学原料和化学制品制造业主要生产化学新材料，作为其他高新产品的原料。湖南省涉及化学原料和化学制品制造业的专精特新"小巨人"企业有31家，主要分布在长沙市（9家）、岳阳市（5家）、衡阳市（5家）、益阳市（2家）、怀化市（2家）、株洲市（2家）、湘潭市（2家）、常德市（1家）、娄底市（1家）、张家界市（1家）、永州市（1家），地理空间上形成众多散点分布。

湖南省涉及计算机、通信和其他电子设备制造业的专精特新"小巨人"企业有38家，分布在长沙市（14家）、郴州市（3家）、岳阳市（5家）、永州市（3家）、株洲市（4家）、益阳市（2家）、衡阳市（2家）、怀化市（1家）、娄底市（1家）、邵阳市（2家）、湘潭市（1家），地理空间上形成众多散点分布。

湖南省涉及金属制品制造业的专精特新"小巨人"企业有24家，分布在株洲市（5家）、常德市（3家）、长沙市（4家）、岳阳市（2家）、益阳市（2家）、娄底市（2家）、湘潭市（1家）、邵阳市（2家）、衡阳市（2家）、郴州市（1家），地理空间上形成众多散点分布。

橡胶和塑料制品制造业涉及塑料薄膜制造、塑料零件及其他塑料制品制造等。湖南省涉及橡胶和塑料制品制造业的专精特新"小巨人"企业有9家，分布在株洲市（4家）、长沙市（1家）、岳阳市（1家）、益阳市（1家）、湘潭市（1家）、常德市（1家），地理空间上形成众多散点分布。

湖南省涉及医药制造业的专精特新"小巨人"企业有10家，分布在长沙市（2家）、岳阳市（2家）、永州市（2家）、衡阳市（2家）、邵阳市（1家）、怀化市（1家），地理空间上形成众多散点分布。

湖南省涉及仪器仪表制造业的专精特新"小巨人"企业有9家，分布在长沙市（5家）、衡阳市（2家）、常德市（1家）、郴州市（1家），地理空间上形成众多散点分布。

湖南省涉及有色金属冶炼和加工制造业的专精特新"小巨人"企业有31家，分布在长沙市（5家）、衡阳市（5家）、株洲市（6家）、郴州市（3家）、岳阳市（4家）、益阳市（2家）、永州市（2家）、湘西州（3家）、常德市（1家），地理空间上形成众多散点分布。

2. 不同市（州）的产业分布特点

从空间分布看（见表3-1），湖南省531家专精特新"小巨人"企业主要集中分布在长沙市（194家）、株洲市（82家）、岳阳市（44家）、湘潭市（38家）、衡阳市（37家）、益阳市（32家），合计427家，占比80.41%。此后是常德市（25家）、娄底市（21家）、郴州市（17家）、永州市（16家）、邵阳市（15家）、怀化市（6家）、湘西州（3家）和张家界（1家）。

长沙市194家专精特新"小巨人"企业涉及23个行业，主要集中在以下5个行业：研究和试验发展服务业（52家），专用设备制造业（20家），通用设备制造业（19家），科技推广和应用服务业（16家），计算机、通信和其他电子设备制造业（14家）。5个行业合计121家，占长沙市专精特新"小巨人"企业的 62.37%。

株洲市 82 家专精特新"小巨人"企业涉及 16 个行业，主要集中在以下 8 个行业：电气机械和器材制造业（10 家），铁路、船舶、航空航天和其他运输设备制造业（9 家），通用设备制造业（8 家），研究和试验发展服务业（7 家），非金属矿物制造业（7 家），批发零售业（6 家），专用设备制造业（6 家），有色金属冶炼和加工制造业（6 家），合计 59 家，占株洲市专精特新"小巨人"企业的 71.95%。

岳阳市 44 家专精特新"小巨人"企业涉及 18 个行业，主要集中在以下 5 个行业：化学原料和化学制品制造业（5 家），计算机、通信和其他电子设备制造业（5 家），有色金属冶炼和加工制造业（4 家），专用设备制造业（4 家），通用设备制造业（3 家），合计 21 家，占比为 47.73%。

湘潭市 38 家专精特新"小巨人"企业涉及 15 个行业，主要集中在电气机械和器材制造业（11 家），通用设备制造业（6 家），专用设备制造业（5 家），专业技术服务业（3 家）等 4 个行业，共 25 家企业，占比为 65.79%。

表 3-1　湖南省各市（州）专精特新"小巨人"企业所属行业分布

单位：家

| 行业 | 长沙市 | 株洲市 | 岳阳市 | 湘潭市 | 衡阳市 | 益阳市 | 常德市 | 郴州市 | 娄底市 | 永州市 | 邵阳市 | 怀化市 | 张家界市 | 湘西州 | 小计 |
|---|---|---|---|---|---|---|---|---|---|---|---|---|---|---|---|
| 电气机械和器材制造业 | 6 | 10 | 2 | 11 | 3 | 4 | 2 | 2 | 1 | 3 | 3 | 0 | 0 | 0 | 47 |
| 非金属矿物制造业 | 4 | 7 | 2 | 1 | 1 | 1 | 1 | 1 | 4 | 1 | 0 | 0 | 0 | 0 | 23 |
| 纺织服装业 | 0 | 0 | 1 | 1 | 0 | 1 | 1 | 0 | 0 | 0 | 0 | 0 | 0 | 0 | 4 |
| 废弃资源综合利用业 | 1 | 1 | 0 | 1 | 1 | 0 | 0 | 0 | 0 | 0 | 0 | 0 | 0 | 0 | 4 |
| 化学原料和化学制品制造业 | 9 | 2 | 5 | 2 | 5 | 2 | 1 | 0 | 1 | 0 | 1 | 0 | 2 | 1 | 31 |
| 计算机、通信和其他电子设备制造业 | 14 | 4 | 5 | 1 | 2 | 2 | 0 | 3 | 1 | 3 | 2 | 1 | 0 | 0 | 38 |
| 食品及饲料添加剂制造业 | 1 | 0 | 1 | 0 | 0 | 0 | 0 | 0 | 1 | 0 | 0 | 0 | 0 | 0 | 3 |
| 其他金融服务业 | 1 | 0 | 0 | 0 | 0 | 0 | 0 | 0 | 0 | 0 | 0 | 0 | 0 | 0 | 1 |

表3-1(续)

| 行业 | 长沙市 | 株洲市 | 岳阳市 | 湘潭市 | 衡阳市 | 益阳市 | 常德市 | 郴州市 | 娄底市 | 永州市 | 邵阳市 | 怀化市 | 张家界市 | 湘西州 | 小计 |
|---|---|---|---|---|---|---|---|---|---|---|---|---|---|---|---|
| 金属制品制造业 | 4 | 5 | 2 | 1 | 2 | 2 | 3 | 1 | 2 | 0 | 2 | 0 | 0 | 0 | 24 |
| 科技推广和应用服务业 | 16 | 3 | 2 | 1 | 0 | 0 | 0 | 0 | 1 | 0 | 3 | 0 | 0 | 0 | 26 |
| 批发零售业 | 4 | 6 | 2 | 0 | 1 | 1 | 1 | 0 | 0 | 0 | 1 | 1 | 0 | 0 | 17 |
| 其他制造业 | 4 | 3 | 3 | 1 | 1 | 5 | 0 | 1 | 1 | 1 | 1 | 1 | 0 | 0 | 22 |
| 汽车制造业 | 1 | 0 | 0 | 0 | 2 | 2 | 1 | 0 | 0 | 0 | 0 | 0 | 0 | 0 | 7 |
| 软件和信息技术服务业 | 12 | 1 | 0 | 0 | 0 | 0 | 0 | 0 | 0 | 0 | 0 | 0 | 0 | 0 | 13 |
| 生态保护和环境治理制造业 | 3 | 0 | 0 | 0 | 0 | 0 | 0 | 1 | 0 | 0 | 0 | 0 | 0 | 0 | 4 |
| 铁路、船舶、航空航天和其他运输设备制造业 | 1 | 9 | 1 | 2 | 0 | 1 | 0 | 0 | 0 | 0 | 0 | 0 | 0 | 0 | 14 |
| 通用设备制造业 | 19 | 8 | 3 | 6 | 5 | 2 | 7 | 1 | 2 | 0 | 1 | 0 | 0 | 0 | 54 |
| 橡胶和塑料制品制造业 | 1 | 4 | 1 | 0 | 1 | 0 | 1 | 0 | 0 | 0 | 0 | 0 | 0 | 0 | 9 |
| 研究和试验发展服务业 | 52 | 7 | 3 | 1 | 2 | 3 | 5 | 1 | 1 | 3 | 0 | 0 | 0 | 0 | 78 |
| 医药制造业 | 2 | 0 | 2 | 0 | 2 | 0 | 0 | 0 | 0 | 2 | 1 | 1 | 0 | 0 | 10 |
| 仪器仪表制造业 | 5 | 0 | 0 | 0 | 0 | 0 | 0 | 0 | 0 | 0 | 0 | 0 | 0 | 0 | 9 |
| 有色金属冶炼和加工制造业 | 5 | 6 | 4 | 0 | 5 | 2 | 1 | 3 | 0 | 2 | 0 | 0 | 0 | 3 | 31 |
| 专业技术服务业 | 9 | 0 | 1 | 3 | 2 | 1 | 0 | 0 | 0 | 0 | 0 | 0 | 0 | 0 | 16 |
| 专用设备制造业 | 20 | 6 | 4 | 5 | 1 | 2 | 0 | 1 | 6 | 0 | 1 | 0 | 0 | 0 | 46 |
| 合计 | 194 | 82 | 44 | 38 | 37 | 32 | 25 | 17 | 21 | 16 | 15 | 6 | 1 | 3 | 531 |

从表3-1的统计结果来看,湖南省专精特新"小巨人"企业主要活跃在通用设备制造业,电气机械和器材制造业,专用设备制造业,计算机、通信和其他电子设备制造业,化学原料和化学制品制造业,研究和试验发展服务业,科技推广和应用服务业等战略性产业集群,对湖南省产业高质量发展和湖南省"三高四新"发展战略的实施发挥重要支撑和促进作用:一是破解细分领域特别是制造业领域"卡脖子"难题;二是提升产业链供应链稳定性和竞争力;三是催化创新生态和产业集群;四是普遍具有较高专业程度、创新能力、科技含量和质量效益,大部分企业专注细分领域

10 年以上，部分企业主导产品在国内外占有率领先。湖南省专精特新"小巨人"企业分布存在空间上的不均衡性，主要聚集在长株潭地区、洞庭湖地区等经济相对发达地区，湘西地区和湘南地区数量少，尤其是湘西地区的怀化市、张家界市和湘西州，三个地区仅有 10 家专精特新"小巨人"企业。

## 三、企业规模

（一）专精特新"小巨人"企业规模特征

从企业人数和注册资本两个角度看，湖南省专精特新"小巨人"企业的平均企业规模偏小。

根据搜集整理的专精特新"小巨人"企业参保人数数据（见图 3-5），湖南省专精特新"小巨人"企业规模分布峰值出现在 101~200 人（共 162 家企业），0~100 人规模的企业数量为 143 家，201 人以上规模的企业总数为 226 家，呈现出规模越大、数量越少的反向特征。企业规模平均数为 272 人，371 家企业规模位于平均数以下，占比为 69.87%，企业整体规模偏小。

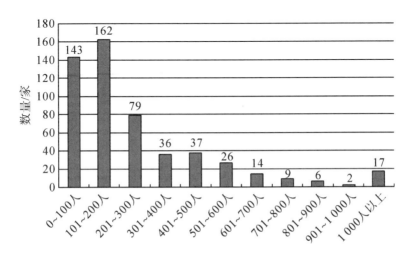

图 3-5　湖南省专精特新"小巨人"企业规模情况

（二）专精特新"小巨人"企业规模空间特征

从表3-2和图3-6可以看出，在空间上，湖南省专精特新"小巨人"企业规模总体呈现出"区域+层级"的叠加特点。长沙市、株洲市和湘潭市企业平均规模均为300人，居于湖南省专精特新"小巨人"企业平均规模以上，企业整体实力较强。洞庭湖地区的岳阳市、常德市的企业规模和覆盖层级比较均衡，企业平均规模超过湖南省平均水平，有大型龙头企业，也有一定数量的中小型企业，为区域产业发展夯实了基础。湘西和湘南地区则存在较为显著的企业规模区域差异。例如，虽然邵阳市和娄底市的企业平均规模超过湖南省平均水平，但中大型企业数量偏少，而且存在规模层级断层、企业潜力不够的问题。怀化市、张家界市、湘西州的专精特新"小巨人"企业数量少，平均规模也小。除长沙市和株洲市外，其他市（州）龙头企业数量偏少，龙头企业的带动作用没有体现出来。

表3-2 湖南省各市（州）专精特新"小巨人"企业规模情况

单位：家

| 企业规模 | 长沙市 | 株洲市 | 岳阳市 | 湘潭市 | 衡阳市 | 益阳市 | 常德市 | 郴州市 | 娄底市 | 永州市 | 邵阳市 | 怀化市 | 张家界市 | 湘西州 |
|---|---|---|---|---|---|---|---|---|---|---|---|---|---|---|
| 0~100人 | 45 | 22 | 11 | 8 | 14 | 12 | 6 | 4 | 6 | 10 | 2 | 0 | 1 | 2 |
| 101~200人 | 60 | 28 | 17 | 9 | 10 | 9 | 4 | 3 | 7 | 3 | 8 | 3 | 0 | 1 |
| 201~300人 | 33 | 12 | 6 | 9 | 6 | 5 | 3 | 3 | 2 | 0 | 0 | 0 | 0 | 0 |
| 301~400人 | 10 | 6 | 2 | 3 | 4 | 1 | 2 | 2 | 1 | 2 | 1 | 2 | 0 | 0 |
| 401~500人 | 19 | 1 | 4 | 4 | 1 | 2 | 2 | 1 | 1 | 0 | 1 | 1 | 0 | 0 |
| 501~600人 | 12 | 1 | 1 | 1 | 1 | 1 | 4 | 1 | 2 | 1 | 0 | 0 | 0 | 0 |
| 601~700人 | 3 | 5 | 0 | 1 | 0 | 2 | 2 | 0 | 0 | 0 | 0 | 1 | 0 | 0 |
| 701~800人 | 2 | 2 | 1 | 2 | 0 | 1 | 0 | 1 | 0 | 1 | 0 | 0 | 0 | 0 |
| 801~900人 | 4 | 1 | 0 | 1 | 0 | 0 | 1 | 0 | 0 | 0 | 0 | 0 | 0 | 0 |
| 901~1 000人 | 0 | 0 | 0 | 0 | 1 | 0 | 0 | 0 | 0 | 0 | 0 | 0 | 0 | 0 |
| 1 000人以上 | 6 | 4 | 2 | 1 | 0 | 0 | 1 | 1 | 1 | 0 | 1 | 0 | 0 | 0 |

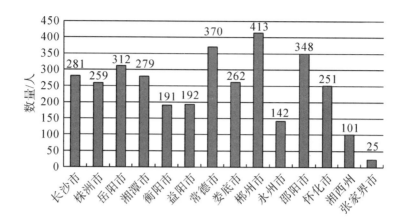

**图 3-6　各市（州）专精特新"小巨人"企业平均规模**

可见，要推动湖南省"三高四新"战略的实施和产业高质量发展，有必要首先推动产业布局均衡发展，尤其是湘西地区，需要从政策支持、有序引导方面下功夫，优化其产业布局和加快其产业发展。此外，湖南省要进一步推动龙头企业发展，充分发挥龙头企业的带动作用。

湖南省不同市（州）专精特新"小巨人"企业平均规模差异随企业数量的增大呈现收敛特征。专精特新"小巨人"企业数量在 40 家以上的有长沙市、株洲市、岳阳市，这三个市的企业规模区间为［259，312］，间距为 53 人；企业数量在 30～40 家的有湘潭市、衡阳市、益阳市，企业规模区间为［191，279］，间距为 88 人；企业数量在 20～30 家的有常德市、娄底市，企业规模区间为［262，370］，间距为 108 人；企业数量在 10～20 家的有郴州市、永州市和邵阳市，企业规模区间为［142，413］，间距为 271 人；企业数量在 10 家以下的有怀化市、张家界市和湘西州，企业规模区间为［25，251］，间距为 226 人。

大部分专精特新"小巨人"企业都集中在规模较小的数值区间，规模在 300 人以下的企业共 384 家，占全部专精特新"小巨人"企业的

72.32%。特别是综合实力较强的城市，这一特征更为明显，如长沙市、株洲市、岳阳市、衡阳市，300人以下企业占比分别为71.13%、75.61%、77.27%、81.08%。

（三）企业规模与产业的关联性

由图3-7可知，湖南省专精特新"小巨人"企业产业规模在1万人以上的产业分别为通用设备制造业（17 125人）、研究和试验发展服务业（15 178人）、电气机械和器材制造业（10 644人）、专用设备制造业（10 495人），合计53 442人，占全部专精特新"小巨人"企业规模的43.23%。产业规模在5 000人以上的产业还有计算机、通信和其他电子设备制造业（7 885人），化学原料和化学制品制造业（6 915人），金属制品制造业（6 799人），非金属矿物制造业（6 465人），科技推广和应用服务业（5 029人），占全部专精特新"小巨人"企业规模的26.77%。

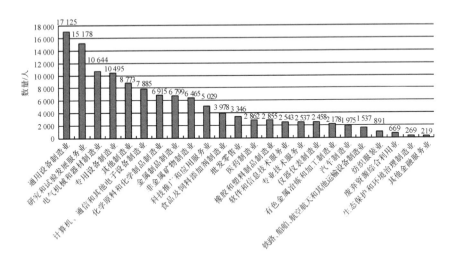

图3-7 湖南省各产业专精特新"小巨人"企业规模

　　由表3-3可知，规模在1~100人的专精特新"小巨人"企业共143家，涉及的行业最多（23个），排名前五位的行业包括研究和试验发展服务业（28家），有色金属冶炼和加工制造业（14家），化学原料和化学制品制造业（12家），计算机、通信和其他电子设备制造业（10家），专用设备制造业（10家）。

　　规模在101~200人的企业共162家，涉及19个行业，排名前五位的行业包括专用设备制造业（20家）、研究和试验发展服务业（18家）、通用设备制造业（16家）、电气机械和器材制造业（16家）、金属制品制造业（12家）、有色金属冶炼和加工制造业（11家）。

　　规模在201~300人的企业共79家，涉及20个行业，其中企业数量超过10家的有研究和试验发展服务业（15家）、通用设备制造业（10家）两个行业，其他行业企业数量均在1~7家。

　　规模在301~500人的企业共73家，涉及20个行业。其中，研究和试验发展服务业（10家），计算机、通信和其他电子设备制造业（9家），专用设备制造业（9家）排前三位。

　　规模在501~1 000人的企业共57家，涉及17个行业。除通用设备制造业（11家）、电气机械和器材制造业（8家）、研究和试验发展服务业（6家）外，其他行业企业数量均不超过5家。

　　规模在1 000人以上的企业共17家，涉及9个行业，分别为其他制造业（4家）、金属制品制造业（3家）、通用设备制造业（2家）、专用设备制造业（2家）、非金属矿物制品业（2家）、化学原料和化学制品制造业（1家）、食品及饲料添加剂制造业（1家）、橡胶和塑料制品制造业（1家）、研究和试验发展服务业（1家）。

表 3-3 湖南省各产业不同规模层级专精特新"小巨人"企业数量

单位：家

| 行业 | 0~100人 | 101~200人 | 201~300人 | 301~400人 | 401~500人 | 501~600人 | 601~700人 | 701~800人 | 801~900人 | 901~1000人 | >1000人 |
|---|---|---|---|---|---|---|---|---|---|---|---|
| 研究和试验发展服务业 | 28 | 18 | 15 | 6 | 4 | 3 | | 1 | 2 | | 1 |
| 通用设备制造业 | 7 | 16 | 10 | 2 | 6 | 5 | 4 | 1 | 1 | | 2 |
| 电气机械和器材制造业 | 9 | 16 | 9 | 2 | 3 | 2 | 1 | 2 | 1 | 2 | |
| 专用设备制造业 | 10 | 20 | 3 | 5 | 4 | 1 | | 1 | | | 2 |
| 计算机、通信和其他电子设备制造业 | 10 | 7 | 7 | 3 | 6 | 2 | 2 | 1 | 1 | | |
| 化学原料和化学制品制造业 | 12 | 6 | 5 | 3 | | | 4 | | | | 1 |
| 有色金属冶炼和压延加工业 | 14 | 12 | 1 | 3 | 1 | | | | | | |
| 科技推广和应用服务业 | 8 | 9 | 3 | 1 | 3 | 2 | | | | | 3 |
| 金属制品业 | 5 | 11 | 2 | | 2 | 1 | | | | | 2 |
| 非金属矿物制品业 | 6 | 7 | 4 | 1 | | 1 | 1 | 2 | 1 | | 4 |
| 其他制造业 | 6 | 7 | 2 | 1 | | 1 | | 1 | | | |
| 批发零售业 | 5 | 7 | 2 | | 2 | 1 | 1 | | | | |
| 专业技术服务业 | 4 | 4 | 4 | 1 | | | | | | | |
| 铁路、船舶、航空航天和其他运输设备制造业 | 2 | 7 | 2 | 2 | 1 | 2 | 1 | 1 | | | |
| 软件和信息技术服务业 | 5 | 4 | | 1 | 1 | 2 | | | | | |
| 医药制造业 | 2 | 2 | 2 | 2 | 1 | | | | | | |
| 仪器仪表制造业 | 2 | | 4 | 1 | 1 | 1 | | | | | |
| 橡胶和塑料制品制造业 | 1 | 5 | | 1 | | 1 | | | | | 1 |
| 汽车制造业 | 1 | 2 | | | 1 | 2 | 1 | | 1 | | |
| 生态保护和环境治理制造业 | 2 | 2 | | | | | | | | | |
| 废弃资源综合利用业 | 2 | | 1 | | | | | | | | |
| 纺织服装业 | 1 | 1 | 1 | 1 | 1 | 1 | | | | | |
| 食品及饲料添加剂 | 1 | 1 | 1 | | | | | | | | 1 |
| 金融服务业 | | 2 | 1 | | | | | | | | |
| 合计 | 143 | 162 | 79 | 36 | 37 | 26 | 14 | 9 | 6 | 2 | 17 |

## 四、成立时间

### (一) 专精特新"小巨人"企业成立时间特征

湖南省专精特新"小巨人"企业成立时间最早的是 1979 年(1 家,冷水江三 A 新材料科技有限公司,化学原料和化学制品制造业),成立时间最晚的于 2019 年成立,共 3 家企业。

根据图 3-8,湖南省专精特新"小巨人"企业成立时间可以划分为三个阶段:第一阶段是 2000 年及以前,成立于这一阶段的专精特新"小巨人"企业数量不多,平均每年不超过 10 家,但企业规模较大,平均规模达到 400 人;第二阶段是 2001—2013 年,这一阶段是专精特新"小巨人"企业成立时间最集中的时期,平均每年有超过 20 家企业成立,且企业平均规模在 300 人上下,其中 2004—2013 年为峰值年段,每年有近 30 家企业成立;第三阶段是 2014—2019 年,成立在此阶段的专精特新"小巨人"企业数量又呈递减趋势,每年不超过 20 家,且企业总体规模也下降,平均规模不超过 200 人。

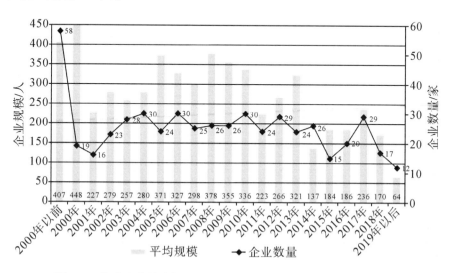

图 3-8　湖南省专精特新"小巨人"企业年度成立数量及平均规模

（二）成立时间与空间的关联性

表3-4反映了湖南省各市（州）专精特新"小巨人"企业成立时间特征。湖南省14个市（州）的产业发展可以分为三类群体：第一类是专精特新"小巨人"企业数量多且成立时间分布相对均匀，如长沙市、株洲市、岳阳市、湘潭市、衡阳市，这些市的专精特新"小巨人"企业成立于2010年以前和2010年以后占比各50%，说明这些市是湖南省产业发展起步早的地区，企业历史悠久，具有较好的传统优势。第二类是专精特新"小巨人"企业大部分成立于2010年以前的市，如邵阳市、娄底市、益阳市。这三个市分别有15家、21家、32家专精特新"小巨人"企业，其中分别有9家、17家、22家企业成立于2010年前，表明邵阳市、娄底市、益阳市曾是湖南省产业相对发达地区，但当前发展潜力欠佳。第三类是郴州市、永州市、怀化市等，这些地区2010年以来新成立的专精特新"小巨人"企业占比均超过50%，体现了这些地区产业发展的高成长性。

表3-4 湖南省各市（州）专精特新"小巨人"企业成立时间特征

单位：家

| 成立时间 | 长沙市 | 株洲市 | 岳阳市 | 湘潭市 | 衡阳市 | 益阳市 | 常德市 | 郴州市 | 娄底市 | 永州市 | 邵阳市 | 怀化市 | 张家界市 | 湘西州 |
|---|---|---|---|---|---|---|---|---|---|---|---|---|---|---|
| 2000年以前 | 16 | 18 | 6 | 2 | 5 | 1 | 3 | 1 | 2 | 1 | 2 | 1 | | |
| 2000年 | 9 | 4 | | 3 | | 1 | 1 | 1 | | | | | | |
| 2001年 | 6 | 3 | 3 | | | 2 | 1 | | 1 | | | | | |
| 2002年 | 5 | 4 | 3 | 3 | | 1 | | 1 | 4 | 1 | | 1 | | |
| 2003年 | 8 | | | 6 | 2 | | 3 | 2 | 1 | | | | | |
| 2004年 | 10 | 1 | 2 | | 3 | 4 | 4 | | 2 | 2 | 2 | | | |
| 2005年 | 7 | 7 | 4 | | 4 | 2 | | | | | | | | |
| 2006年 | 13 | 5 | 1 | 4 | 3 | 3 | | 1 | | | | | | |
| 2007年 | 15 | 2 | 1 | 1 | 1 | | | | 1 | | 1 | 1 | | 2 |

表3-4(续)

| 成立时间 | 长沙市 | 株洲市 | 岳阳市 | 湘潭市 | 衡阳市 | 益阳市 | 常德市 | 郴州市 | 娄底市 | 永州市 | 邵阳市 | 怀化市 | 张家界市 | 湘西州 |
|---|---|---|---|---|---|---|---|---|---|---|---|---|---|---|
| 2008 年 | 10 | 1 | 3 | 3 | 1 | 3 | 1 | 1 | 2 | 1 | | | | |
| 2009 年 | 11 | 1 | 4 | 1 | | 1 | | 1 | 2 | 1 | 4 | | | |
| 2010 年 | 8 | 2 | 3 | 4 | 3 | 4 | 2 | 1 | 2 | 1 | | | | |
| 2011 年 | 8 | 2 | 2 | 3 | 1 | 2 | 1 | 3 | | 1 | | | | 1 |
| 2012 年 | 7 | 5 | 2 | 1 | 3 | 1 | 5 | 2 | | | 2 | | 1 | |
| 2013 年 | 10 | 4 | 2 | 1 | 4 | 1 | | | 1 | 1 | | | | |
| 2014 年 | 12 | 2 | 3 | 2 | 1 | 1 | 1 | 1 | | | 1 | 1 | 1 | |
| 2015 年 | 10 | 1 | | 1 | 1 | | | | | 1 | | 1 | | |
| 2016 年 | 13 | 3 | 1 | 1 | 1 | | | | 1 | | | | | |
| 2017 年 | 8 | 4 | 2 | | 3 | 2 | | 1 | 1 | 2 | 4 | 2 | | |
| 2018 年 | 4 | 5 | 2 | 1 | 1 | 2 | | | 1 | | | | 1 | |
| 2019 年及以后 | 4 | 4 | 1 | 1 | | | 1 | | | | 1 | | | |
| 合计 | 194 | 82 | 44 | 38 | 37 | 32 | 25 | 17 | 21 | 16 | 15 | 6 | 1 | 3 |

（三）成立时间与产业的关联分析

在湖南省531家专精特新"小巨人"企业中（见图3-9），有172家是2011年（"专精特新"这一概念最早在《中国产业发展和产业政策报告（2011）》提出）以后成立的。按产业划分，依次是研究和试验发展服务业（42家），电气机械和器材制造业（16家），科技推广和应用服务业（15家），计算机、通信和其他电子设备制造业（11家），专用设备制造业（11家），通用设备制造业（10家），化学原料和化学制品制造业（10家），有色金属冶炼和加工制造业（9家），软件和信息技术服务业（9家），专业技术服务业（6家），其他制造业（6家），非金属矿物制造业（5家），金属制品制造业（5家），铁路、船舶、航空航天和其他运输设备制造业（4家），生态环境保护和环境治理制造业（3家）、废弃资源综合利用业（3家），橡胶和塑料制品制造业（2家），汽车制造业（2家），仪器仪表制造业（2家），纺织服装业（1家）。其中，研究和试验发展服务业，电气机械和器材制造业，科技推广和应用服务业，计算机、通信和其他电子设备制造业，专用设备制造业5个产业占比达55.2%，这些行业覆盖了近年来湖南省的重点发展领域。

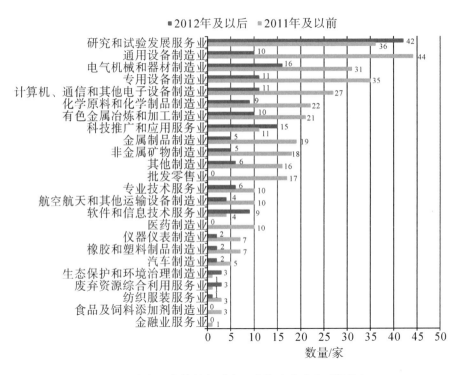

图3-9　各行业专精特新"小巨人"企业成立时间特征

## 五、上市情况

（一）具体上市情况

湖南省专精特新"小巨人"企业上市数量偏少，占比偏低。

湖南省531家专精特新"小巨人"企业中，共49家企业上市，其中13家在沪深主板上市，11家在科创板上市，2家在北交所交易，28家在新三板挂牌（见图 3-10）。已上市企业占全部专精特新"小巨人"企业的 9.23%，占比偏低。另外，还有 17 家企业曾在新三板挂牌，现已停止上市。除已经上市的专精特新"小巨人"企业外，也有很多专精特新"小巨人"企业正在冲向资本市场。

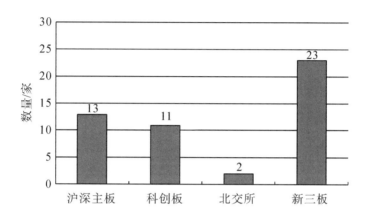

**图 3-10 湖南省专精特新"小巨人"企业上市数量**

专精特新"小巨人"企业是重要的上市储备军。资本市场以融资推动行业发展，为专精特新"小巨人"企业持续投入研发提供有力支持。资本市场有助于完善企业治理体系，让企业发展更加正规化，提高管理效率，提升企业竞争力，提高专精特新"小巨人"企业的知名度。资本市场可以聚集更多产业资本，让更多战略投资者为专精特新"小巨人"企业提供技术等多方面战略支持。

要推动湖南省产业高质量发展，实现"三高四新"发展战略目标，加快推进专精特新"小巨人"企业上市是一个很好的途径。

（二）市值情况分析

湖南省专精特新"小巨人"上市企业市值普遍偏小。

截至 2023 年 7 月 27 日收盘，从 42 家正常上市交易的企业来看，市值超过 100 亿元的仅有 5 家，全部在科创板上市，分别是金博股份（688598.SH），市值为 163.7 亿元；华曙高科（688433.SH），市值为 152.12 亿元；

威胜信息（688100.SH），市值为 135 亿元；圣湘生物（688289.SH），市值
为 107.1 亿元；航天环宇（688523.SH），市值为 105 亿元。市值为 50 亿~
100 亿元的有 11 家，市值为 20 亿~50 亿元的有 5 家，市值为 10 亿~20 亿
元的有 3 家，市值为 10 亿元以下的有 25 家（见图 3-11），其中还有 8 家
企业市值未达到 1 亿元，市值最低的仅为 4 032 万元。

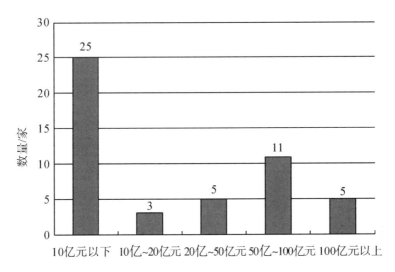

**图 3-11　上市专精特新"小巨人"企业市值分布**

（注：时间截至 2023 年 7 月 27 日收盘，下同）

在市值分布上，49 家企业平均市值为 34.49 亿元。科创板上市的 11
家企业平均市值为 88.05 亿元；沪深主板上市的 13 家企业平均市值为
50.73 亿元；北交所上市的 2 家企业平均市值为 6.35 亿元；新三板挂牌交
易的 23 家企业平均市值为 2.14 亿元，新三板挂牌交易的企业除 1 家企业
市值为 5.02 亿元外，其他企业市值均在 5 亿元以下（见图 3-12）。

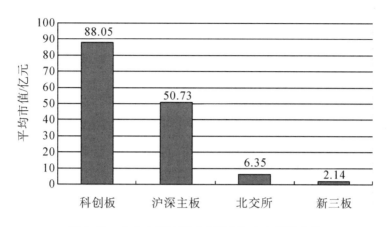

**图 3-12　上市专精特新"小巨人"企业平均市值**

（三）上市时间与成立时间关联性

技术研发需要时间沉淀，上市的专精特新"小巨人"企业往往需要 10~15 年的成长期，才能达成首次公开募股（IPO）的目标。湖南省已经上市的专精特新"小巨人"企业（新四板挂牌企业除外），平均成长期为 13.09 年。其中，有 7 家企业成立于 2000 年以前，上市时间在 2011—2022 年，平均成长期为 20.1 年；有 18 家企业成立于 2000—2005 年，上市时间在 2009—2023 年，平均成长期为 15.6 年；有 20 家企业成立于 2006—2010 年，上市时间在 2014—2022 年，平均成长期为 9.5 年；有 4 家企业成立于 2011 年以后，上市时间 2014—2023 年，平均成长期为 5.6 年（见图 3-13）。

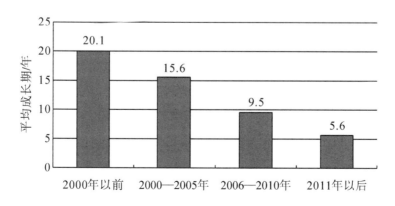

**图 3-13　已上市专精特新"小巨人"企业成立时间与上市成长期的关系**

随着资本市场的建立健全，从企业成立到上市需要的平均成长期有缩短的趋势，2000—2011 年，企业上市成长期缩短近 15 年。

（四）上市情况与产业关联分析

制造业是专精特新"小巨人"企业的重点集中领域。2021 年 3 月，工业和信息化部提出应优先聚焦制造业短板弱项，涉及属于产业链供应链关键环节及关键领域"补短板""锻长板""填空白"。

湖南省 49 家已上市专精特新"小巨人"企业分布在 15 个细分产业，有 36 家企业属于制造业企业。其中，8 家企业属于通用设备制造业，7 家企业属于专用设备制造业，6 家企业属于电气机械和器材制造业，4 家企业属于化学原料和化学制品制造业，3 家企业属于有色金属冶炼和加工制造业，2 家企业属于计算机、通信和其他电子设备制造业，2 家企业属于金属制品制造业，2 家企业属于其他制造业，1 家企业属于食品和饲料添加剂制造业，1 家企业属于医药制造业。另外有 13 家企业属于服务业企业，包括研究和试验发展服务业企业 7 家，批发零售业企业 2 家，软件和信息技术服务业企业 2 家，科技推广和应用服务业企业 1 家，专用技术服务业企业 1 家（见图 3-14）。

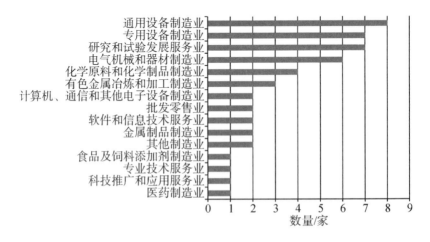

图 3-14　各产业专精特新"小巨人"企业上市公司数量

总体来看，制造业的发展一直是湖南省产业发展的重点，通用设备制造业、电气机械和器材制造业也是湖南省的传统优势产业，研究和试验发展服务业是近年来湖南推动创新发展的原动力，因此这些产业的上市企业数量相对较多，这些产业也是湖南省未来高质量发展的重要支撑。

（五）上市情况与空间关联分析

湖南省专精特新"小巨人"上市企业空间分布不均匀，长沙市是上市企业坐落重镇，湘西和湘南欠发达地区没有专精特新"小巨人"上市企业。

从空间分布来看，湖南省 49 家上市的专精特新"小巨人"企业集中在 10 个地区且分布并不均匀，其中长沙市的专精特新"小巨人"企业上市数量遥遥领先，共 24 家，占比为 48.98%；其次是株洲市、岳阳市和益阳市各有 4 家，湘潭市有 3 家，娄底市、常德市、邵阳市、永州市、衡阳市各有 2 家（见图 3-15）。郴州市、怀化市、张家界市、湘西州 4 个市（州）目前没有专精特新"小巨人"企业获批上市。

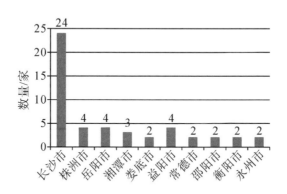

图 3-15　湖南省各市（州）专精特新"小巨人"企业上市公司数量

可见，除长沙市外，湖南省其他各市（州）上市专精特新"小巨人"企业数量均偏少，尤其是湘西地区和湘南地区 4 个市（州），还是专精特新"小巨人"企业上市"空白"。这些市（州）是上市企业培育的重点地区。

## 六、创新能力

专精特新"小巨人"企业是专精特新企业中的佼佼者，是专注于细分市场、创新能力强、市场占有率高、掌握关键核心技术、质量效益优的排头兵企业。专精特新的灵魂是创新，底蕴是科技实力，创新能力是专精特新"小巨人"企业考核认定的一个专项条件。

从科技创新角度来看，湖南省专精特新"小巨人"企业成长性总体良好。

### （一）研发支出占营业收入比重

企业创新能力评价指标体系包括创新投入能力、协同创新能力、知识产权能力和创新驱动能力四个方面。国际上通常用研究与试验发展（R&D）活动（简称"研发"）的规模和强度这一指标反映科技实力和核心竞争力。这一点在工业和信息化部对专精特新"小巨人"企业的申报条件中也有所体现，具体是对"研发经费支出占营业收入的比重"根据企业规模分档设定条件。

统计数据（沪深主板、科创板、北交所上市企业 2020—2022 年数据）显示，湖南省已经上市的专精特新"小巨人"企业，2020 年平均研发经费支出占营业收入的比重（以下简称"研发投入比"）为 7.41%，2021 年平均研发投入比为 7.03%，2022 年平均研发投入比为 7.98%。其中，沪深主板、科创板、北交所的专精特新"小巨人"企业，2020 年平均研发投入比分别为 5.33%、9.67%、5.90%，2021 年平均研发投入比分别为 5.16%、9.34%、5.75%，2022 年平均研发投入比分别为 6.53%、9.93%、6.23%（见图 3-16）。

新三板挂牌企业（2018—2020 年数据）研发投入数据显示，平均研发投入比分别为 7.27%，6.23%，8.27%（见图 3-16）。

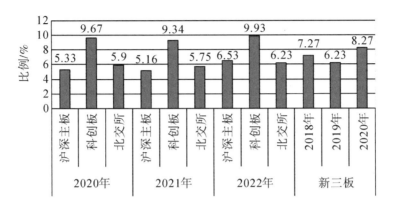

**图 3-16　湖南省上市专精特新"小巨人"企业研发投入占营业收入的比例**

结果表明,上市专精特新"小巨人"企业研发投入比有增长趋势;科创板上市企业的研发投入力度明显大于其他板块,然后是新三板上市企业,沪深主板和北交所上市企业研发投入大体相当,但低于科创板和新三板企业。

从已上市专精特新"小巨人"企业披露的数据来看,湖南省专精特新"小巨人"企业在研发上的投入普遍较高。

(二)拥有专利数量

数据显示,截至 2023 年 7 月底,湖南省 531 家专精特新"小巨人"企业拥有各类专利数量共计 55 636 件,户均专利拥有量为 105 件,居全国中上水平,但相对广东省(户均 167 件)、上海市(户均 116 件)等发达省(市),湖南省专精特新"小巨人"企业户均专利拥有量偏少,企业创新能力有待进一步提升。按市(州)计算,长沙市专利数最多,共 23 993 件,户均 124 件;张家界市最少,仅为 18 件,区域差距明显。

1. 专利数量与产业关联分析

按不同产业专利总数计算,排前五位的产业分别是通用设备制造业(7 171 件),研究和试验发展服务业(7 167 件),电气机械和器材制造业(5 645 件),专用设备制造业(5 034 件),计算机、通信和其他电子设备制造业(4 594 件),五大产业拥有专利数量共 29 611 件,占全部专利数的

53.22%。这些产业企业是推动湖南省制造业创新发展的中坚力量，这些产业也是湖南省未来发展的重点产业。

从企业户均专利拥有量来看，汽车制造业（208 件/户），仪器仪表制造业（178 件/户），软件和信息技术服务业（174 件/户），橡胶和塑料制品制造业（145 件/户），通用设备制造业（133 件/户），计算机、通信和其他电子设备制造业（121 件/户），电气机械和器材制造业（120 件/户），金属制品制造业（113 件/户），科技推广和应用服务业（113 件/户），专用设备制造业（109 件/户），专业技术服务业（109 件/户）（见图 3-17）。这些产业的企业户均专利拥有量超过全部企业户均专利拥有量（105 件/户），是湖南省创新发展的重要推动力。

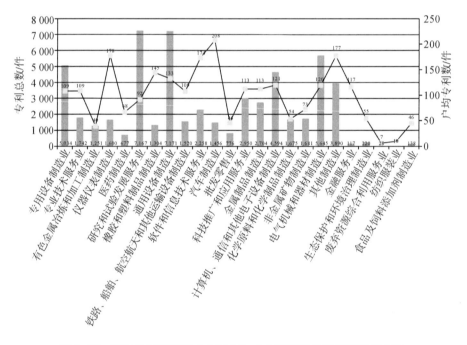

图 3-17　湖南省专精特新"小巨人"企业不同行业的专利数量分布

2. 专利数量与空间关联分析

按市（州）统计，湖南省专精特新"小巨人"企业专利拥有量在空间上分布不均，其中长沙市专利拥有最多，达到 23 993 件，占全部专利拥有

量的 43.12%；专利拥有量最少的是张家界市，共 18 件。专利拥有量超过
3 000 件的市（州）有株洲市（8 359 件）、湘潭市（4 478 件）、岳阳市
（4 027 件）、益阳市（3 610 件）、衡阳市（3 286 件），专利拥有量超过
1 000 件的市（州）有常德市（2 555 件）、郴州市（1 553 件）、娄底市
（1 346 件）、邵阳市（1 334 件），专利拥有量在 1 000 件以下的市（州）
有永州市（591 件）、怀化市（315 件）、湘西州（171 件）和张家界市
（18 件）（见图 3-18）。

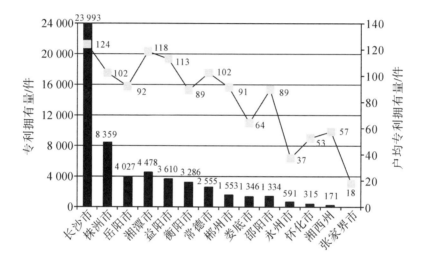

图 3-18　湖南省各市（州）专精特新"小巨人"企业的专利数量分布

分地区按企业户均专利拥有量计算，依然是长沙市最高，企业户均专
利拥有量为 124 件，其次是湘潭市（118 件/户）、益阳市（113 件/户）、
株洲市（102 件/户）、常德市（102 件/户），其他市（州）专精特新"小
巨人"企业户均专利拥有量均在 100 件以下（见图 3-18）。

可见，湖南省各市（州）专利拥有量与经济发展水平基本一致，也体
现了该地区的创新发展水平、对创新发展的重视程度及创新投入。经济越
发达，对创新的重视程度越高，反之，创新力越强，越能推动区域经济
发展。

## 七、经济效益与成长性

为了分析湖南省专精特新“小巨人”企业的经济效益及成长性，我们以上市企业为分析对象，选取衡量企业基本股权收益指标（基本每股收益）、成长能力指标（营业收入增长率）、盈利能力指标（净利率）、盈利质量指标（经营现金流/营业收入）、运营能力指标（总资产周转率）、财务风险指标（资产负债率）共 6 项指标进行分析。

（一）上市专精特新“小巨人”企业 2020—2022 年业绩状况

从已上市企业披露的财务数据来看，湖南省已上市专精特新“小巨人”企业 2020—2022 年除少数企业受疫情影响在 2021 年和 2022 年的营业收入同比增长率出现负值外，其他各项指标的表现良好。

基本每股收益指标均为正，三年复合值为 1.23 元，营业收入复合增长率为 42.25%，净利率三年复合值为 18.49%，经营现金流/营业收入三年复合值为 0.76。企业成长性和盈利能力良好。

运营能力指标（总资产周转率）三年复合值为 0.63，运营能力总体良好，财务风险指标（资产负债率）三年复合值为 33.0，财务风险可控。

（二）与产业的关联分析

从上市专精特新“小巨人”企业所属产业来看，专用设备制造业企业 2020—2022 年基本每股收益均值分别为 1.48 元、2.45 元、2.84 元，三年复合值为 2.26 元；2020—2022 年营业收入增长率分别为 4.89%、21.64%、31%，三年复合增长率为 19.18%；2020—2022 年净利率分别为 17.84%、26.27%、29.01%，三年复合值为 24.37%。

研究和试验发展服务业企业 2020—2022 年基本每股收益均值分别为 0.74 元、1.33 元、1.51 元，三年复合值为 1.19 元；2020—2022 年营业收入增长率分别为 15.42%、9.04%、18.89%，三年复合增长率为 14.45%；2020—2022 年净利率分别为 16.56%、21.83%、24.8%，三年复合值为 21.06%。

通用设备制造业企业 2020—2022 年基本每股收益均值分别为 1.45 元、1.48 元、2.32 元，三年复合值为 1.75 元；2020—2022 年营业收入增长率分别为 8.21%、31.78%、20.1%，三年复合增长率为 20.03%；2020—2022 年净利率分别为 17.51%、21.12%、18.14%，三年复合值为 18.92%。

软件和信息技术服务业企业 2020—2022 年基本每股收益均值分别为 1.77 元、1.62 元、1.66 元，三年复合值为 1.68 元；2020—2022 年营业收入增长率分别为 10.42%、33.26%、38.36%，三年复合增长率为 27.35%；2020—2022 年净利率分别为 28.42%、28.25%、32.87%，三年复合值为 29.85%。

金属制品制造业企业 2020—2022 年基本每股收益均值分别为 1.46 元、1.33 元、0.88 元，三年复合值为 1.22 元；2020—2022 年营业收入增长率分别为 4.74%、29%、6.91%，三年复合增长率为 13.55%；2020—2022 年净利率分别为 20.41%、18.87%、14.05%，三年复合值为 17.78%。

化学原料和化学制品制造业企业 2020—2022 年基本每股收益均值分别为 3.36 元、3.24 元、1.24 元，三年复合值为 2.61 元；2020—2022 年营业收入增长率分别为 18.02%、12.12%、39.43%，三年复合增长率为 23.19%；2020—2022 年净利率分别为 28.84%、29.10%、26.73%，三年复合值为 28.22%。

电气机械和器材制造业企业 2020—2022 年基本每股收益均值分别为 0.32 元、0.45 元、0.39 元，三年复合值为 0.39 元；2020—2022 年营业收入增长率分别为 46.89%、43.17%、11.51%，三年复合增长率为 33.86%；2020—2022 年净利率分别为 5.41%、9.70%、10.74%，三年复合值为 8.62%。

湖南省不同产业上市企业 2020—2022 年业绩状况如表 3-5 所示。

表 3-5　湖南省不同产业上市企业 2020—2022 年业绩状况

| 项目 | 时间 | 专用设备制造业 | 研究和试验发展服务业 | 通用设备制造业 | 软件和信息技术服务业 | 金属制品制造业 | 化学原料和化学制品制造业 | 电气机械和器材制造业 |
|---|---|---|---|---|---|---|---|---|
| 基本每股收益/元 | 2020 年 | 1.48 | 0.74 | 1.45 | 1.77 | 1.46 | 3.36 | 0.32 |
| | 2021 年 | 2.45 | 1.33 | 1.48 | 1.62 | 1.33 | 3.24 | 0.45 |
| | 2022 年 | 2.84 | 1.51 | 2.32 | 1.66 | 0.88 | 1.24 | 0.39 |
| | 三年复合 | 2.26 | 1.19 | 1.75 | 1.68 | 1.22 | 2.61 | 0.39 |
| 营业收入增长率/% | 2020 年 | 4.89 | 15.42 | 8.21 | 10.42 | 4.74 | 18.02 | 46.89 |
| | 2021 年 | 21.64 | 9.04 | 31.78 | 33.26 | 29 | 12.12 | 43.17 |
| | 2022 年 | 31 | 18.89 | 20.1 | 38.36 | 6.91 | 39.43 | 11.51 |
| | 三年复合 | 19.18 | 14.45 | 20.03 | 27.35 | 13.55 | 23.19 | 33.86 |
| 净利率/% | 2020 年 | 17.84 | 16.56 | 17.51 | 28.42 | 20.41 | 28.84 | 5.41 |
| | 2021 年 | 26.27 | 21.83 | 21.12 | 28.25 | 18.87 | 29.1 | 9.7 |
| | 2022 年 | 29.01 | 24.8 | 18.14 | 32.87 | 14.05 | 26.73 | 10.74 |
| | 三年复合 | 24.37 | 21.06 | 18.92 | 29.85 | 17.78 | 28.22 | 8.62 |

数据表明，软件和信息技术服务业、化学原料和化学制品制造业两个行业企业的营业收入增长率和净利率（三年复合值）均达到 20% 以上，这两个行业企业成长性和盈利能力高于其他行业企业。电气机械和器材制造业、通用设备制造业两个行业企业的营业收入增长率超过 20%，但净利率在 20% 以下，这些企业具有一定成长性，但盈利能力还有提升空间。研究和试验发展服务业、专用设备制造业两个行业企业的营业收入增长率低于 20%，但净利率超过 20%，这些企业的盈利状况较好，可以更广泛地进行市场开拓，进一步提升营业收入。金属制品制造业企业的营业收入增长率和净利率均在 20% 以下，这些企业市场开拓和盈利能力提升均有待进一步加强。

## 八、湖南省专精特新"小巨人"企业发展面临的困难

调研发现，湖南省专精特新"小巨人"企业发展总体趋势向好，但也存在一些问题，可以概括为"一少、一弱、二缺"。

"一少"，即专精特新"小巨人"企业数量偏少。专精特新"小巨人"企业是中小企业中的佼佼者，其数量在一定程度上代表中小企业整体实力。近年来，湖南省专精特新"小巨人"企业大幅增长，工业和信息化部公布的五批专精特新"小巨人"企业中湖南省共531家获批公示，居全国第九位，分别较广东省（1 538家）、江苏省（1 509）、浙江省（1 461家）少1 007家、978家、930家；在中部六省中湖南省排名第三位，较湖北省（700家）、安徽省（624家）分别少169家、93家。湖南省专精特新"小巨人"企业数量偏少，中小企业整体培育有待进一步加强。

"一弱"，即相比于创新强省，湖南省专精特新"小巨人"企业创新能力偏弱。2020—2022年，以湖南省上市的专精特新"小巨人"企业为例，平均研发投入占营业收入的比重为7.41%～7.88%，有增长趋势，但广东省全部专精特新"小巨人"企业研发投入占营业收入的比重为（2022年）平均为8.96%，湖南省专精特新"小巨人"企业研发投入偏低。就专利数量而言，湖南省专精特新"小巨人"企业户均专利数为105件，与广东省（167件）、上海市（116件）等发达省市相比存在较大差距。

"二缺"：一是缺资金。近年来，湖南省专精特新中小企业融资难问题得到较大缓解，但多是政府引导下个别的突破，与大企业相比，中小企业融资劣势仍然十分明显。以湖南省专精特新中小企业股权融资服务平台为例，自2021年5月成立至2023年5月，其开展行业专场、市州专场、园区专场等共计12场次路演，吸引96家企业参与，发布融资需求63.23亿元，完成融资不到27亿元。二是缺人才。受地域、企业知名度、工作待遇等因素的影响，高端人才对加入专精特新"小巨人"企业的兴趣不高。企

业的技术人员总体素质偏低，对企业的长远发展形成很大制约。以 2023 年 5 月 24 日 "湘人才" 专精特新 "小巨人" 企业专场招聘会为例，共 60 家企业参会，发布 100 余个职位，需求人数超过 900 人，但当天收到简历仅有 227 份，达成初步就业意向仅有 93 人。

## 九、推动湖南省专精特新"小巨人"企业高质量发展的对策

当前和未来，推动湖南省专精特新 "小巨人" 企业高质量发展，可以从如下几个方面着手：

（一）精准选种、系统育苗，构建专精特新"小巨人"企业梯度培育体系

相对于浙江省、广东省、江苏省、山东省、北京市、上海市以及湖北省、安徽省等省（市），湖南省专精特新 "小巨人" 企业数量偏少。从湖南省现有的 531 家专精特新 "小巨人" 企业空间分布来看，长株潭地区共 314 家，占比为 59.13%，而湘西地区和湘南地区的娄底市、邵阳市、永州市、郴州市、怀化市、张家界市和湘西土家族苗族自治州 7 个市（州）共 79 家，占比为 14.88%，湖南省专精特新 "小巨人" 企业空间分布不均衡。为此，湖南省要按照 "储备一批、培育一批、提升一批" 的原则，实行梯次培育、动态管理，建立专精特新 "小巨人" 企业梯度培育体系，着力培育一批创新能力强、质量效益好的专精特新 "小巨人" 企业，特别是在湖南省重点产业基础核心领域、产业链关键环节，重点培育一批创新能力突出、掌握核心技术、细分市场占有率高的企业，厚植湖南省优质中小企业的中坚力量。湖南省要努力实现专精特新 "小巨人" 企业在数量上赶超发达省份，在省内实现各市（州）专精特新 "小巨人" 企业均衡发展。

第一，湖南省要结合现有 531 家国家级专精特新 "小巨人" 企业分布特征，聚焦《中共湖南省委 湖南省人民政府关于加快建设现代化产业体系的指导意见》确定的 "4×4" 现代化产业体系，以 "4×4" 现代化产业体

系为专精特新"小巨人"企业培育重点，实现精准选种。

第二，湖南省要通过"产业学院+产业园区+产业基金"的方式，构建专精特新"小巨人"企业培育体系，实现企业由"种子"到"苗子"的转变。2023年4月，工业和信息化部中小企业发展促进中心公布首批"专精特新产业学院"建设名单，湖南省有多所高校获批立项。湖南省各级政府可以以此为契机，借助高校的理论研究优势，并依托现有的高新技术产业开发区、专精特新产业园区，设立专精特新企业发展基金，打造"产业学院+专业研究院""母基金+子基金"的创新型中小企业-专精特新中小企业-专精特新"小巨人"企业育苗体系，提高专精特新"小巨人"企业培育精准度。

第三，湖南省要积极支持专精特新"小巨人"企业申报隐形冠军企业、制造业单项冠军企业和领航企业，对积极申报的专精特新"小巨人"企业给予相应奖励，并在服务补贴、研发补贴、科技金融、综合服务等方面提供政策支持。

（二）强化创新、加快转型，提升产业链供应链的韧性和竞争力

湖南省要参照广东省、江苏省、浙江省等省份的做法，聚焦细分行业专精特新"小巨人"企业整体升级、创新实施产业集群数字化转型，围绕重点产业链关键环节，结合国家产业基础创新发展目录，发布关键核心技术（装备）攻关计划。

第一，各级政府在促进数字经济发展的政策中，要纳入专精特新"小巨人"企业相关内容，推动数实融合新业态、新模式。考虑到中小型企业在资金、技术和人才等方面的实际局限性，各级政府可以采用类似"消费券"的方式发放中小企业数字化"服务券"。地方政府补贴一点，服务企业让利一点，降低中小企业参与数字化的资金门槛，构建"政府引导、大企业共建、中小企业共享"的融通发展格局。

第二，各级政府可以设立专项基金，支持专精特新"小巨人"企业围

绕"卡脖子"技术和产品开展核心技术攻关，并在全面执行国家企业研发费用税前加计扣除政策的基础上，鼓励有条件的市、县（区）对有关键技术突破的企业给予再按适当比例对研发费用加计扣除标准奖补。

第三，强化科技创新。强化科技创新是打赢关键核心技术攻坚战、实现高水平科技自立自强的必经之路。湖南省专精特新"小巨人"企业要充分发挥创新主体作用，坚持以市场需求为导向，以"三高四新"发展战略为指引，聚焦湖南省重点鼓励发展的主导产业、优势产业和新兴产业，加大研发投入和技术改造投资力度，加强原创性、引领性科技攻关。政府要加强研发机构建设，支持有条件的专精特新"小巨人"企业建设企业技术中心、工程研究中心、科技研发中心，推动企业研发机构和创新团队全覆盖。政府对企业研发中心、创新平台建设企业给予适当补贴或税收优惠。

第四，加快数字化转型。企业的数字化转型是湖南省数字经济发展的缩影。数字化是专精特新"小巨人"企业创新发展的必然趋势和提升核心竞争力的重要驱动力。2023年4月7日，湖南省工业和信息化厅下发了《关于公布"智赋万企"2023年细分行业中小企业数字化转型试点企业名单的通知》，确定了涵盖机械加工、电子制造、农产品加工三大领域的八个细分行业，总计218家企业为"智赋万企"2023年细分行业中小企业数字化转型试点企业。湖南省要充分发挥试点企业的领头羊作用，引导更多企业加快推动互联网、大数据和实体经济深度融合，着力提升产品创新、运营管控、用户服务、生态共建、员工赋能、数据开发等方面的数字能力，在优化生产运营、创新产品和服务、激发业态转变中赋能企业高质量发展。

第五，实施专精特新"小巨人"企业智能化、数字化标杆培育工程。湖南省鼓励专精特新"小巨人"企业对标世界一流制造能力，开展商业模式、产品研发模式、生产模式、质量管理模式和消费者服务的全方位变革，培育发展平台化设计、数字化管理、个性化定制、服务化延伸等新模式新业态。湖南省联合数字化行业领军企业从政策到方法上为专精特新"小巨人"企业提供指导；借鉴德国经验，通过发布专题手册，向专精特新"小巨人"企业详细讲解最新的数字化生产技术和业务流程，并指明优缺点和适用范围，帮助专精特新"小巨人"企业了解数字化领域的最新发展情况，并定期发布数字化转型典型经验和案例。

第六，湖南省引导支持专精特新"小巨人"企业申报省级以上重点领域研发计划，鼓励支持专精特新"小巨人"企业参与首台（套）重大技术装备、首版次软件、首批次材料目录评选。湖南省支持专精特新"小巨人"企业申报制造业创新中心、企业技术中心、工程技术研究中心等研发创新平台；组织专精特新"小巨人"企业参加省级以上创新创业大赛，对落地湖南省的百强获奖项目予以支持和奖励。

（三）优化政策、精准支持，推动专精特新"小巨人"企业高质量发展

一是加大资金扶持力度。湖南省应加快实施专精特新"小巨人"企业高质量发展培育机制，落实财政奖补、税收减免等专精特新"小巨人"企业相关扶持政策。湖南省应充分发挥好专精特新中小企业股权融资服务平台的作用，为企业提供"商行+投行""债权+股权""融资+融智"等综合化、全方位投融资服务，运用金融科技手段完善供应链金融服务，为专精特新"小巨人"企业提供覆盖企业全生命周期的成长型、长期性资金支持，推动专精特新"小巨人"企业高质量发展。各市（州）也可以探索建立专精特新"小巨人"企业融资服务中心，积极为当地专精特新"小巨人"企业甚至全部中小企业和投融资机构搭建交流合作的桥梁，畅通对接赋能渠道，引导投资机构加大支持力度，为企业提供金融活水，解决企业融资困难。

二是强化专精特新"小巨人"企业人才保障。一方面，湖南省围绕"十四五"时期在高端装备、新材料、航空航天、新一代信息技术、生物、

节能环保等战略性新兴产业布局领域，主动联合省内外乃至国内外高等院校、科研院所等，重点支持这些领域专精特新"小巨人"企业发展，加大行业领军人才和急需紧缺人才引进与培养力度，建立专精特新"小巨人"企业人才大数据库，为企业储备必需的创新人才。湖南省要深入落实芙蓉人才行动计划和引才、聚才、铸才、育才、扶才、优才等人才工程，鼓励专精特新"小巨人"企业与应用技术大学、职业院校共建人才培养基地，支持专精特新"小巨人"企业设立博士后工作站、院士工作站，培养一批高级工程师、湖湘工匠和能工巧匠。湖南省要建立健全高端人才激励机制，在加速集聚高端人才过程中为企业高质量发展蓄势聚力。湖南省要依托国家重点人才计划和湖南省芙蓉人才行动计划以及建设新时代技能人才强省的若干措施等，将省级以上专精特新"小巨人"企业人才需求纳入支持范围，助力专精特新"小巨人"企业引进具有引领性、原创性、突破性技术的科技领军人才和创新团队。各级政府支持各地将符合条件的专精特新"小巨人"企业高层次人才纳入子女入学、医疗保健、住房保障等政策优享范围；支持符合条件的专精特新"小巨人"企业自主开展职称评审和职业技能评定。另一方面，各级政府定期梳理企业的"高、专、精、尖"人才和技术工匠需求，搭建平台，通过"组团式"招引和"订单式"委托培养为企业提供人才保障，助力企业引进具有引领性、原创性、突破性技术的领军人才和创新团队。湖南省工业和信息化厅或头部企业牵头，每年进行一期"小巨人"企业董事长、总经理和高管培训。各市（州）工业和信息化局牵头，每年定期组织不少于两次"小巨人"企业经营管理人才和技术工匠培训。县（区）工业和信息化部门组织，多部门协同定期举办典型"小巨人"企业管理经验分享沙龙、论坛、现场会等活动。各市、县（区）政府将符合条件的"小巨人"企业高层次人才纳入住房保障、医疗保健、子女入学等政策优享范围。在住房保障方面，各级政府提供人才公寓或租房补贴，对首次在企业所在地购房的，按正高职称、博士研究生或副高职称、硕士研究生或急需紧缺工种高级技师、"双一流"高校本科生分别给予个人购房补贴，工作满三年后一次性发放。在医疗保健方面，各级政府每年提供一次健康体检。在子女入学方面，人才子女享受工作所在地义务教育待遇，初中毕业子女按企业所在地户籍学生报考高中。

三是强化服务平台建设。各级政府要坚持"谋划一批、储备一批、培育一批、提升一批"的思路，利用数字化、智能化手段优化"政策云配"工具，加快建设网络化、一站式、动态化、全周期的专精特新"小巨人"企业服务平台，提供政策服务、专业服务、资本运作、科技成果转移转化、人才培训等精准服务，健全从孵化培育、成长扶持到推动高质量发展的专精特新"小巨人"企业全生命周期梯次培育体系，实现服务协同、优化资源配置，为专精特新"小巨人"企业高质量发展提供有力的服务保障。各级政府要加快构建大中小企业融通发展生态，鼓励大企业发挥引领支撑作用，开放技术、资金、市场、标准、数据等资源，促进专精特新"小巨人"企业融入产业链、供应链、价值链和创新链，推动形成创新协同、产能共享、供应链互通的融通创新产业生态，促进"湖南制造"向全球价值链中高端跃升。

（四）规范管理、壮大培优，加快专精特新"小巨人"企业上市步伐

一是规范经营管理。湖南省要推动建立现代企业制度，明晰产权关系，规范财务运行，依法诚信经营，强化内控制度，为企业股改和上市融资创造有利条件。

二是壮大培优。企业能否上市，企业的创新能力强不强、成长性好不好是关键。创新能力强、成长性好是企业强大的根本所在。湖南省要引导企业在细分领域强化持续创新，集中优势力量提升关键指标，按照专精特新"小巨人"企业标准凸显新优势，培育壮大优质企业群体，培育和发展一批具有较强竞争力的企业上市。

（五）量身打造专精特新"小巨人"企业专属融资产品与服务

第一，湖南省要鼓励商业银行进行差异化产品创新，为专精特新企业量身打造专属信贷产品和风险管理技术，区别对待企业的初创期、成长期、成熟期以及之后的上市期、腾飞期，开发全方位、立体化、全周期的专精特新信贷服务产品体系，包括领航贷、智权贷、科创 e 贷、金粒贷等线下产品以及科企贷、领航 e 贷等线上产品。

第二，湖南省要引导企业在湖南省区域性股权市场专精特新专板挂牌、展示，到 2025 年年底实现 300 家以上企业在专板挂牌，助推专板挂牌企业实现各类融资不少于 100 亿元。

第三，湖南省要推动上交所、保交所、北交所在湖南省股权交易所设立服务窗口，为专精特新企业上市提供全流程、全周期分类指导和咨询培训服务，力争每年引导五家以上企业上市。

第四，湖南省要完善对未上市企业股权质押融资服务，推动投贷联动服务模式。专精特新"小巨人"企业在上市前融资相对困难，商业银行可以优选企业开展股权质押融资服务；同时，加强跟投跟贷、投贷联动服务模式，即加强与知名风投机构合作，跟投跟贷，从而降低信贷评估风险。

（六）争取央企扶持，强化政策引导，助力专精特新"小巨人"企业延链、补链、强链和市场开拓

第一，湖南省要学习借鉴中国中车和中国移动等央企的经验，扶持专精特新"小巨人"企业深化全产业链协同创新，按照"一链带多核、一链多平台、多链共平台"的思路，创新机构对全产业链企业开放，支持产业链企业组建省市级创新中心和技术平台。湖南省要通过打造产业链高效协作平台，推动产业机制"建起来"，推出"十百千万"合作伙伴计划，"串珠成链"汇聚优质企业。

第二，湖南省要强化政策引导，助力专精特新"小巨人"企业市场开拓。各级政府及国有企事业单位在办公用品和大件资产采购遵循依法依规

原则的前提下，优先选用本地专精特新"小巨人"企业产品，并以适当方式纳入绩效考核。各级政府以奖补方式鼓励和引导民营企业和居民同等条件下选用本地专精特新"小巨人"企业产品。此外，各级政府商务部门定期组织专精特新"小巨人"企业新产品发布会，鼓励企业参加各类商品交易会、博览会，并根据参会产品成交额度给予一定奖励。

# 第四章 专精特新政策对企业 创新能力提升的影响研究

2019—2023 年，工业和信息化部已评定五批次专精特新"小巨人"企业，这些企业已成为落实创新驱动发展战略的关键载体。本章选取上证主板 75 家上市专精特新"小巨人"企业为研究对象，就专精特新"小巨人"企业认定政策对企业创新能力提升的激励效果进行评价。实证分析结果表明：专精特新"小巨人"企业认定政策对企业创新能力提升具有激励作用，但不同行业企业之间的创新激励效率存在差异。经过替换被解释变量、样本分类等一系列检验后结论依然保持稳健。

## 一、引言

"专精特新"的概念自 2011 年开始萌芽，2013 年起在工业和信息化部的主导下在全国试点并逐步推广。工业和信息化部办公厅为贯彻落实中共中央办公厅、国务院办公厅《关于促进中小企业健康发展的指导意见》，作出培育一批主营业务突出、竞争力强、成长性好的专精特新"小巨人"企业决策部署，于 2018 年下发《工业和信息化部办公厅关于开展专精特新"小巨人"企业培育工作的通知》，并于 2019 年 5 月认定第一批专精特新"小巨人"企业。2022 年 10 月，党的二十大报告提出"支持专精特新企业发展"。这标志着发展专精特新企业成为党中央关注的重点议题。

2019—2023 年，工业和信息化部共公示五批次、12 950 家专精特新"小巨人"企业。多年来，这些企业形成了其独特性，企业规模虽然为中小企业，但是长期深耕细分领域，自主创新能力和核心竞争力较强，业务规模在细分领域稳居前列，是产业链供应链的关键节点，为制造业和实体经济发展提供了重要支撑。增强专精特新"小巨人"企业的创新能力，有利于突破关键核心技术，打破国外技术垄断，实现关键零部件国产化，加快实现科技自立自强。如何驱动专精特新"小巨人"企业创新发展已成为政府和学界共同关注的焦点问题。

现有关于专精特新"小巨人"企业创新发展的研究成果较少，而且现有研究主要从理念层面提出一些政策建议，如强化对企业的政策支持、加强企业创新平台建设及对企业的产权保护、推动企业进行升级改造以及提供专业化、精细化、个性化服务等，关于专精特新"小巨人"企业认定政策对企业创新能力提升的激励效果的研究仍有不足。然而，专精特新"小巨人"企业创新发展关系到国家创新驱动发展战略的成功实施，专精特新"小巨人"企业创新能力的提升关系到国家整体创新能力的提升。因此，对专精特新"小巨人"企业进行创新效率评价，就微观层面而言，对支持专精特新"小巨人"企业创新发展具有十分重要的理论和实践意义；就宏观层面而言，对国家创新发展战略的实施具有重要的支撑意义。

## 二、研究现状

一直以来，企业创新效率也是国内外关注的重点。这方面的研究总体上可以分为两类。

一是关于创新政策对企业创新效率影响的研究。这类研究主要从理论层面或理论与实证相结合的视角，研究创新政策对企业创新产生何种影响。例如，寇宗来和刘学悦（2020）研究发现，创新政策对企业创新存在显著的正向激励效应，而且不存在规模、地区和出口等异质性效果。张杰

（2020）关于创新政策的创新激励效应的研究表明，政府创新补贴和企业私人研发之间存在"U"形关系，补贴规模需要超过一定阈值之后才会对创新投入起到显著的激励效应。有研究表明，创新资助政策不但未显著提升企业的专利质量，反而表现出显著的抑制效应，这种扭曲与政府政策的初衷相悖。关于创新政策对专精特新"小巨人"企业创新的影响，曹虹剑等（2022）的研究表明，创新政策是引导专精特新"小巨人"企业创新发展的重要手段。毛军权和敦帅（2023）的研究表明，专精特新"小巨人"企业发展质量受多重因素和复杂因果机制的影响，政策环境是专精特新"小巨人"企业高质量发展的必要条件。

二是关于企业创新效率评价的研究。这类研究主要通过构建计量模型、运用定量方法就创新政策对企业创新效率进行测度和评价。现有文献关于企业创新效率测算方法主要分为带参数的随机前沿分析方法（SFA）和不带参数的数据包络分析方法（DEA）。其中，SFA 模型通常用于评价多投入、单产出的情况，需要确定生产前沿具体形式，考虑随机因素影响。例如，洪进等（2013）采用 SFA 模型分析了高技术产业发展过程中技术效率和总量增长模式的情况。李向东等（2015）利用 SFA 模型对中国各省份与行业技术创新效率进行了测算与分析。DEA 模型适用于多投入、多产出的情况，该模型在区域、行业、企业等领域广泛使用。曹晶颖（2021）利用 DEA 模型对汽车行业的绿色技术创新效率进行测评，认为该行业整体效率呈较高水平。付振坤和何文彬（2022）基于三阶段 DEA 模型研究了专精特新"小巨人"企业创新效率的测度及提升路径。随着研究的深入，延伸出了利用面板数据，纳入多种差异性因素的 Tobit 回归模型、多阶段动态 DEA 模型等一系列拓展方法。例如，赵巧芝（2022）通过 SBM 模型实证检验了互联网发展对高技术产业技术创新带来的直接和间接影响效果。陈俊龙（2022）通过三阶段 DEA-Malmquist 指数模型对我国共享制造高质量发展效率进行了动态测度。

纵观现有研究文献，基于理论层面对企业创新能力的影响因素、创新能力提升的路径选择的研究成果较为丰富，而基于实践层面关于创新政策对企业创新能力提升的激励作用评估的文献相对较少。以专精特新"小巨人"企业为研究对象，就专精特新政策对企业创新效率影响的研究更少。虽然付振坤和何文彬（2022）采用三阶段 DEA 模型研究了专精特新"小巨人"企业的创新效率，但其研究对象限于制造业企业。鉴于此，本书选取上证主板上市的专精特新"小巨人"企业为研究对象，对不同行业专精特新"小巨人"企业的创新效率进行实证分析。就现有文献而言，一方面，本书的研究突破多数文献限于理论层面的分析，专门针对专精特新"小巨人"企业认定政策的实施对创新能力提升的激励效果进行实证评价，增强了研究结论的实践应用性；另一方面，相对于付振坤和何文彬（2022）的研究，本书的研究对专精特新"小巨人"企业进行了行业区分，分析了专精特新"小巨人"企业认定政策对不同行业企业的创新能力提升的差异，为政府制定支持企业创新发展的政策提供了更好的支撑和更有力的依据。

## 三、研究设计

### （一）样本选取、变量及数据来源

研究样本选取上证主板 75 家上市专精特新"小巨人"企业。

在指标选取方面，考虑到科研人员能够反映专精特新"小巨人"企业对人才的吸引能力，是企业创新的智慧源泉，研发投入反映企业对创新的重视程度，专利是企业创新活动的最直观反映。因此，我们选用科研人员、研发投入作为投入指标，选用专利申请数作为产出指标。此外，考虑到企业创新活动受经济条件、营商环境、政府支持、企业自身的股权集中度等因素的影响，我们引入企业所在城市经济发展水平（GDP）、企业所在城市营商环境以及企业股权集中度为控制变量。为评价专精特新政策对企业创新效率的影响，我们引入虚拟变量表示专精特新政策的实施。被认定为专精特新"小巨人"企业,变量赋值为1,否则变量赋值为0。所有变量数据来自企业年报及相关统计年鉴、政府工作报告、研究报告。变量名称、含义及数据来源如表4-1所示。

表4-1 变量名称、含义及数据来源

| 指标类型 | 变量名称 | 含义 | 数据来源 |
|---|---|---|---|
| 因变量<br>(创新效率) | 授权专利数 $Y$/件 | 企业申请各类专利数量 | 企业年报 |
| 自变量(政策实施变量) | 专精特新政策实施情况 Policy | 衡量评估当年是否认定为专精特新"小巨人"企业 | 工业和信息化部专精特新"小巨人"企业认定文件 |
| 控制变量 | 研发费用投入 $X_1$/% | 企业研发投入,用"研发投入/营业收入"表示 | 企业年报 |
| | 科研人员 $X_2$/% | 企业科研从业人员占比 | 企业年报 |
| | 所在城市经济发展水平 $X_3$/亿元 | 企业所在城市地区生产总值 | 企业所在城市统计年鉴 |
| | 所在城市营商环境 $X_4$ | 企业所在城市营商环境指数 | 《中国296个城市营商环境指数》报告 |
| | 企业股权集中度 $X_5$ | 企业前五大股东占股比例 | 企业年报 |

(二)模型构建

专精特新"小巨人"企业认定政策是一项逐步推广实施的企业创新发展支持政策。具体模型设定如下:

$$Y_{it} = \alpha_0 + \alpha_1 Policy_{it} + \beta X_{it} + \mu_i + \varepsilon_{it} \tag{4.1}$$

模型(4.1)为面板数据模型,被解释变量 $Y_{it}$ 表示企业 $i$ 在第 $t$ 年的创新效率,Policy 是衡量专精特新政策实施与否的变量,$\alpha_1$ 是我们所关心的系数,反映专精特新政策的实施对企业创新效率的影响;$X$ 是控制变量集合;$\mu_i$ 表示企业固定效应;$\varepsilon_{it}$ 是干扰项。模型中各变量数据为75家样本企业2018—2022年数据。其中,Policy 取值为1,表示当年该企业被认定为专精特新"小巨人"企业；Policy 取值为 0，表示尚未被认定为专精特新"小巨人"企业。

## 四、实证分析

### （一）描述性分析

表 4-2 中"全样本"部分是变量描述性分析结果，衡量创新效率变量 $Y$ 平均值为 36.5。"组间均值比较"部分反映企业在"未被认定为专精特新'小巨人'企业前"和"被认定为专精特新'小巨人'企业后"变量 $Y$ 的平均值分别为 5.1、48.3。这表明，企业在被认定为专精特新"小巨人"企业后专利申请数量明显增加。初步研究表明，专精特新"小巨人"企业认定政策对企业创新有激励作用。

表 4-2　变量描述性分析

| 全样本 | | | | |
|---|---|---|---|---|
| 变量 | 平均值 | 标准差 | 最小值 | 最大值 |
| $Y$ | 36.5 | 19.6 | 2 | 108 |
| Policy | 0.36 | 0.24 | 0 | 1 |
| $X_1$ | 6.58 | 4.21 | 2.36 | 7.76 |
| $X_2$ | 215.3 | 86.1 | 95 | 590 |
| $X_3$ | 7 605.6 | 4 256.9 | 2 923.0 | 44 700 |
| $X_4$ | 67.4 | 22.1 | 51.6 | 94.8 |
| $X_5$ | 80.3 | 13.1 | 46.9 | 90.1 |
| 组间均值比较 | | | | |
| 变量 | 未被认定为专精特新"小巨人"企业前 | | 被认定为专精特新"小巨人"企业后 | |
| $Y$ | 5.1 | | 48.3 | |
| Policy | 0 | | 1 | |
| $X_1$ | 4.3 | | 7.1 | |
| $X_2$ | 188.2 | | 263.7 | |
| $X_3$ | 6 954.1 | | 9 105.7 | |
| $X_4$ | 68.3 | | 66.9 | |
| $X_5$ | 79.7 | | 82.1 | |

（二）回归分析

本书利用模型（4.1）检测专精特新"小巨人"企业认定政策对企业创新效率（用专利申请数量，即变量 $Y$ 衡量）的影响。回归分析结果如表4-3所示。在回归分析过程中，本书对控制变量和固定效应进行了逐步控制。表4-3第（1）列为将授权专利作为被解释变量，不加入控制变量企业固定效应回归结果。可以发现，Policy 的估计系数为 0.073 1，且在 1% 的显著性水平下显著。这说明，专精特新政策对企业创新效率的提升存在激励作用。表4-3第（2）列是引入控制变量的企业固定效应回归结果，Policy 的估计系数仍然在 1% 的水平上显著为正。这进一步表明，专精特新"小巨人"企业的认定提升了企业创新效率。

表4-3　回归分析结果

| 项目 | （1）<br>$Y$ | （2）<br>$Y$ |
|---|---|---|
| Policy | 0.073 1*** <br>(9.920 3) | 0.069 8*** <br>(9.301 1) |
| 控制变量 | 否 | 是 |
| 企业固定效应 | 是 | 是 |
| 观测值数量 | 375 | 375 |
| $R^2$ | 0.061 | 0.338 |

注：括号内为 t 值，***、**、* 分别代表 1%、5% 和 10% 的显著性水平。

（三）稳健性检验

稳健性检验考察评价方法及指标对某种现象的解释能力，也就是当改变某些参数时，评价方法及指标是否对评价结果保持比较一致和相对稳定的解释。常用的稳健性检验有数据调整、变量替换、工具变量引入、样本分类以及改变计量方法等手段。本书采用变量替换和样本分类法进行检验。

（1）替换被解释变量检验。前文中企业的创新效率用各类专利申请数量进行衡量，根据专利分类实际，包括发明专利、实用新型专利、外观设计专利。三种类型的专利的申请或获取，都反映企业在一个方面的创新，但是发明专利更能反映企业的创新产出。我们用企业的发明专利申请数量替换专利申请数量进行回归分析，结果见表4-4。从回归分析结果看，无论是引入控制变量还是不引入控制变量，Policy 的回归系数均显著为正。这表明专精特新"小巨人"企业的认定对企业创新效率的提升有激励作用。

表4-4　稳健性检验1：按发明专利申请数量的回归分析

| 项目 | (1)<br>$Y$ | (2)<br>$Y$ |
|---|---|---|
| Policy | 0.066 3[**]<br>(9.111 1) | 0.065 1[***]<br>(9.087) |
| 控制变量 | 否 | 是 |
| 企业固定效应 | 是 | 是 |
| 观测值数量 | 375 | 375 |
| $R^2$ | 0.096 | 0.114 |

注：括号内为 t 值，[***]、[**]、[*]分别代表1%、5%和10%的显著性水平。

（2）样本分类检验。就企业创新而言，产业政策对企业创新的激励作用与企业所属行业具有相关性。根据企业所属行业分类标准，我们把前文研究对象归类为生物医药、化学化工（材料）、电子及专用设备三类，分别进行回归检验，结果如表4-5所示。从检验结果看，对样本企业进行行业分类后，Policy 的回归系数在10%的显著性水平下还是为正，进一步表明专精特新"小巨人"企业的认定对企业创新效率的提升有激励作用，但是行业之间存在激励效果差异。

表4-5　稳健性检验2：按样本行业分类的回归分析

| 行业 | 生物医药 | 化学化工（材料） | 电子及专用设备 |
|---|---|---|---|
| 变量 | $Y$ | $Y$ | $Y$ |
| Policy | 0.042 2** | 0.058 7*** | 0.072 1** |
| 控制变量 | 是 | 是 | 是 |
| 企业固定效应 | 是 | 是 | 是 |
| 观测值数量 | 75 | 110 | 190 |
| $R^2$ | 0.003 1 | 0.004 7 | 0.005 2 |

注：***、**、*分别代表1%、5%和10%的显著性水平。

## 五、结论与政策建议

实证分析结果表明，专精特新“小巨人”企业的认定对企业创新能力的提升确实有较好的激励作用。总体而言，企业获批为专精特新“小巨人”企业后在专利申请方面就数量来说有了很大程度的增加，但是不同行业企业存在差异。总之，专精特新政策的实施，对企业创新能力提升起到了激励作用。

（1）本章实证分析结果表明，专精特新“小巨人”企业在被认定前后无论是各类专利申请总量还是反映技术创新的发明专利申请数量都有显著差异，证明“专精特新”政策对企业创新有持续性影响。因此，各级政府和相关部门要充分发挥专精特新“小巨人”企业认定政策对企业尤其是高新技术型中小企业在技术创新方面的长效激励作用，保持政策实施的持续性。

（2）本章实证分析结果表明，企业所处经营环境对企业创新也有一定影响。因此，各级政府和相关部门在实践中需要辅以相关的配套政策和保障措施，以持续、可预期的创新政策及其相关政策措施，提高专精特新“小巨人”企业的创新动力和创新质量。

（3）本章研究表明，专精特新“小巨人”企业认定政策有助于企业创新效率的提升，但不同行业企业间存在差异。因此，各级政府和相关部门在政策的实施过程中，要适当区别对待，提高创新政策实施的精准度和针对性，提高政策目标、政策工具和实施对象之间的适配程度。政府部门可以探索通过国家重大专项计划，围绕国家的研发计划，调研跟踪技术产品独特、成长性强、发展潜力大的企业，有针对性地培育专精特新"小巨人"企业，并推动技术成果产业化应用。

此外，我国的专精特新"小巨人"企业与德国的隐形冠军企业、日本的"高利基企业"、韩国的"强小企业"和"中坚企业"在企业特点上高度相似。无论是隐形冠军企业、"高利基企业"还是"强小企业"和"中坚企业"，在专业化方面都很少进行跨界经营，而是专注于某一细分领域，向较为固定的客户常年提供产品和服务。在技术领域，它们大多专注于技术研发，通过掌握关键环节的核心技术来拓展市场。在盈利方面，它们掌握核心技术，利润率一般较高，由此支撑企业的进一步研发。我国当前正处于创新发展的关键时期，需要进一步鼓励专精特新"小巨人"企业发展，进行强链补链。我国可以从以下方面入手，帮助专精特新"小巨人"企业成长。

（1）健全保障企业创新发展的法律法规与扶持政策。我国应以立法的形式明确对专精特新"小巨人"企业的扶持措施，借鉴日本、韩国的发展经验，在企业技术创新、知识产权保护、国际市场开拓等方面，加大政府投入和引导，产业政策的制定和实施向专精特新"小巨人"企业倾斜；借鉴德国在财税政策等方面对经济落后地区企业进行政策倾斜的做法，探索制定我国经济落后地区更加优惠的专精特新"小巨人"企业扶持政策。

（2）加大对专精特新"小巨人"企业的金融支持力度。融资体系不完善、融资渠道单一等问题一直是制约我国企业创新发展的重要障碍。解决专精特新"小巨人"企业融资问题，首先要充分发挥政策性金融机构的优势，完善针对专精特新"小巨人"企业的信用担保制度，提高信用担保质量。此外，我国应努力探索建立国家级和地方级专精特新"小巨人"企业引导基金，针对评比出的核心企业和核心技术进行股权投资。同时，我国要进一步完善多层次资本市场建设，打通专精特新"小巨人"企业的融资痛点、堵点，为专精特新"小巨人"企业提供更加便捷的金融服务。

（3）鼓励专精特新"小巨人"企业加快数字化转型。我国专精特新"小巨人"企业中的大多数中小企业数字化转型不够，在企业数字化生产、数字化经营、数字化管理方面还有很大的提升空间，部分企业还存在着转型基础较弱、规划不足、人才供给有限、数据安全风险等问题。近年来，我国在第五代移动通信技术（5G）、工业互联网和物联网、人工智能、大数据等技术的快速发展，很大程度上夯实了企业数字化转型的基础，给专精特新"小巨人"企业的数字化转型创造了良好的条件。相关企业要抓住机遇，用好政策，主动进行数字化转型，从而进一步提升自主创新能力。

# 第五章  减税降费和政府补助对专精特新企业创新发展的影响研究

减税降费和政府补助是激励企业技术创新的重要手段。本章选取沪深A股市场专精特新企业为研究对象，以企业年龄为调节变量，以研发投入为中介变量，构建有中介的调节变量模型，就减税降费和政府补助对专精特新企业技术创新的激励效果进行了分析。研究结果表明：第一，减税降费对专精特新企业技术创新有较为显著的促进作用，但企业年龄在企业技术创新中表现有负调节作用，即企业成立初期，减税降费更能激励企业进行技术创新，随着企业的发展成熟，激励作用会减弱。第二，政府补助对专精特新企业技术创新的激励效果因企业规模和所属区域而异，对于东部沿海地区、大型企业而言，政府补助对企业技术创新有促进作用，但是激励效果没有减税降费政策显著，而且企业年龄依然有负调节作用；对于西部地区、中小型企业来说，政府补助没有表现出应有的促进作用。

## 一、引言

近年来，为提升国内企业技术创新能力，政府出台了多项政策鼓励和引导企业进行技术创新活动。例如，2015年，财政部、国家税务总局、科技部发布了《财政部 国家税务总局 科技部关于完善研究开发费用税前加计扣除政策的通知》，全年支持企业创新创业减免税3 000亿元。2016年，我国全面实施"营改增"试点，全年降低企业税负 5 700 多亿元。2017 年，财政部、国家税务总局、科技部印发了《财政部 国家税务总局 科技部关于提高科技型中小企业研究开发费用税前加计扣除比例的通知》，提高科技型中小企业研发费用税前扣除比例，继续推进"营改增"，简化增值税税率结构，全年为企业减税降费超过 1 万亿元。2018 年，财政部、国家税务总局、科技部继续印发了《财政部 国家税务总局 科技部关于提高研究开发费用税前加计扣除比例的通知》，减税降费规模约 1.3 万亿元。2019 年，我国实行普惠性减税和结构性减税政策，重点为制造业、小微企业降税减负，减税降费规模超过 2 万亿元。除税收减免优惠外，各级政府还通过财政补贴的形式支持企业开展创新活动。

专精特新企业作为减税降费政策的受益者，减税降费和政府补助是进一步刺激了企业加大技术创新投入？还是挤出了企业原有的技术创新投入？企业的技术创新是得到实质性提升？还是策略性迎合？这些问题都有待深入研究。

## 二、研究现状

减税降费和政府补助可以减轻企业负担，降低用工成本，提升获利能力，从而提高企业的投资意愿和投资能力，促进企业进行科技创新。目前，关于减税降费、政府补助与企业技术创新之间关系的研究主要包括三个方面。

一是税收政策改革对企业技术创新的微观效应研究。例如，范子英和彭飞（2017）利用三重差分法评估了"营改增"对企业的减税效应。刘建民等（2019）基于 PSM 模型实证分析了"营改增"改革对企业技术创新的微观影响效应，认为"营改增"促进了企业技术创新，但因企业性质而存在差异。

二是税收优惠对企业技术创新的影响研究。企业的技术创新包括创新投入和创新产出，税收优惠政策主要通过降低企业成本促进投资增加。关于税收优惠是否有助于企业技术创新投入和产出的增加，学界又有不同的结论。例如，雷根强和郭玥（2018）以2008—2015年高新技术上市企业为研究对象，研究了所得税优惠对企业技术创新水平的影响，发现纳税优惠有利于高新技术企业增加创新投入，但其创新产出水平并没有得到有效提高。林洲钰、林汉川和邓兴华（2013）以专利申请数（创新产出）作为企业创新能力的度量指标，研究了所得税改革对企业创新活动的影响。其研究结果表明，税率降低和研发费用抵扣均显著促进了企业专利申请数量的增加。李远勤（2016）的研究则发现有效税率与民营上市公司技术创新投入呈负相关关系。

三是政府补助对企业技术创新的影响研究。例如，邹洋等（2016）选取创业板499家上市公司为研究对象，就政府补助对企业的研发投入的影响进行了实证研究。其研究结果表明，政府补助对企业研发投入的促进作用大于税收优惠的促进作用。郭玥（2018）就政府补助对企业技术创新投入和产出的影响进行了研究，发现政府创新补助能显著促进企业创新投入和实质性创新产出。

总体而言，现有文献研究关于减税降费和政府补助对企业技术创新的影响有三种观点：一是减税降费和政府补助与企业技术创新的关系和企业性质有关；二是减税降费和政府补助与企业技术创新正相关；三是减税降费和政府补助与企业技术创新负相关。可见，学界关于减税降费和政府补助对企业技术创新影响的研究尚无统一结论。

此外，纵观现有相关文献可以发现：第一，现有关于减税降费和政府补助对企业技术创新的研究基本是把创新投入和创新产出分离开来展开研究，而创新投入和创新产出两者实质上存在相互耦合的协调关系。也就是说，企业技术创新投入和创新产出同时受减税降费和政府补助的影响，创新投入对创新产出还存在中介效应。第二，从研究对象选取看，实践和研究表明，减税降费对企业技术创新的影响与企业产权性质有关。第三，从研究内容看，现有文献大多是研究企业所得税优惠对技术创新的影响，而减税降费既包括所得税的优惠也包括其他相关税费的减免。另外，国家对中小型企业除在税收上采取优惠以鼓励企业创新外，还设立了直接补助项目，但关于政府补助对企业技术创新影响的研究文献不多。

为此，本章以专精特新企业为研究对象，就减税降费和政府补助对专精特新企业创新的影响进行下述三个方面的研究：

第一，考虑到税收优惠对不同生命周期阶段和不同规模企业的影响差异，本章研究的第一个问题是就专精特新企业而言的，减税降费对不同生命周期阶段（发展阶段）和不同规模企业的技术创新是否存在影响？影响存在何种差异？

第二，政府补助作为鼓励企业进行技术创新的一项重要政策，有文献就此进行了研究，但主要研究对象是制造业和服务业上市企业。本章研究的第二个问题是政府补助对不同行业企业技术创新的激励效果如何？对中小型企业的创新激励效果怎样？

第三，从我国专精特新企业发展状况来看，其主要集聚在东部沿海地区，尽管国家实施西部大开发战略和中部地区崛起战略后，中西部地区与东部沿海地区的发展差距有所缩小，但企业产业发展水平在东部沿海地区和中西部地区间仍然存在较大差异。本章研究的第三个问题是减税降费和政府补助对专精特新企业技术创新的影响是否存在区域差异？存在何种差异？

## 三、研究设计

### （一）研究对象与数据来源

为对上述三个方面的问题展开研究，我们选取在沪深 A 股上市的专精特新企业作为研究对象。考虑到金融类企业在资产结构和投资支出方面的特征，我们选定的研究对象不包括银行、保险、证券类金融企业。上市状态为 ST、＊ST 或 PT 的公司通常面临财务困境或特殊的财务特征，因此这类上市企业不在研究对象范围内。经过上述筛选，同时考虑到数据的完整性，我们最终从沪深 A 股上市专精特新企业中选取 226 家作为研究对象。

关于样本数据的选取，因为本章主要研究减税降费和政府补助对专精特新企业技术创新的影响，国内大范围减税降费政策主要在 2015 年后实施，专精特新企业认定于 2019 年启动，所以我们的样本数据时间区间为 2019—2022 年。原始数据来自上市企业年度财务报表及《中国科技统计年鉴》。对分析过程中遇到的异常数据，我们借鉴现有文献的做法，对异常样本数据进行 winsorize 处理①。

样本企业分布特征如表 5-1 所示。

表 5-1　样本企业分布特征　　　　　　　单位：家

| 特征 | 年研发投入占主营收入比 | | | 年发明专利申请数量 | | |
|---|---|---|---|---|---|---|
| 特征值 | <1% | 1%~10% | >10% | <10 个 | 10~100 个 | >100 个 |
| 企业数量 | 66 | 126 | 34 | 79 | 80 | 67 |
| 特征 | 企业规模 | | | 地区分布 | | |
| 特征值 | 大型 | 中小型 | | 东部沿海 | 中西部 | |
| 企业数量 | 19 | 207 | | 172 | 54 | |

（二）变量选取与定义

1. 被解释变量

关于企业技术创新水平，有文献以专利申请数量衡量，也有文献以专利授予数量衡量。但是，对于企业而言，只有发明专利的增加才能真正推动企业技术进步，而且因为专利的授予需要等待，所以，发明专利申请数

---

① 对奇异值进行 winsorize 处理是目前财务与会计学术界通行的方法。以 1% 和 99% 为例，对某一变量小于 1% 分位数的观测值，使其取值为 1% 分位数；对其大于 99% 分位数的观测值，使其取值为 99% 分位数。

量更能反映企业的技术创新产出。本章以企业发明专利申请数量作为技术创新水平的衡量变量，即被解释变量（Patent）。

2. 解释变量

本章主要研究减税降费和政府补助对企业技术创新的影响，因此税收优惠（Taxp）和政府补助（Subsidy）作为解释变量。税收优惠是指企业享受的税收优惠额。在现有文献中，大多文献只考虑所得税优惠对企业技术创新的影响。实际上，企业税收优惠政策不仅包括所得税优惠，也涵盖了增值税、消费税等各项税种，还包括与这些税收相关的各种费用，如教育附加费等。我们通过分析现行的企业现金流量表，其中"收到的税费返还"反映了企业收到的各种税费的返还款，即当年享受的税收优惠（Taxp）。政府补助是指政府对企业采取的一种创新补贴措施。政府对企业的资助项目很多，其中很大一部分是用于企业研发活动的开展。参照现有文献，本章用企业年度财务报表中的"政府补助"来衡量（Subsidy）。

3. 中介变量

考虑到企业专利的申请数量与企业的研发投入直接相关，而研发投入同时也受企业享受的税费减免和接受的政府资助的影响，即研发投入在减税降费（税收优惠，下同）、政府补助与企业的技术创新水平（发明专利，下同）之间起中介作用，因此我们设立研发投入（RD）作为中介变量，用企业的研发经费投入占营业收入的比例表示。

4. 调节变量

现有文献表明，企业技术创新与企业发展阶段有关。企业在成立初期为了适应市场需要和增强自身竞争力，对自身的技术创新投入力度会较大，但是随着企业自身的发展和技术的不断成熟，为确保股东投资效益最大化，企业又会逐步降低研发和创新投入。可见，企业年龄对企业技术创新投入有调节作用。本章定义"2022-企业成立年份"为企业年龄，并设定为调节变量（Age）。

5. 控制变量

现有关于计量分析的文献中，很多都提出了控制变量的使用，然而控制变量的选取应该满足一定的统计特征。詹·卡门塔（Jan Kmenta，2010）指出，好的控制变量应该是在解释变量受到影响之前就已经决定了的前置变量。本章主要分析减税降费和政府补助对专精特新企业技术创新的影响。企业的技术创新水平与企业的营业收入、盈利水平有关，并且营业收入和盈利水平相对于减税降费和政府补助具有前置性。因此，本章选择营业收入增长率（Growth）和盈利水平（Roa）作为控制变量。变量定义及说明如表5-2所示。

表5-2 变量定义及说明

| 变量 | 变量名称 | 符合表示 | 定义及说明 |
|---|---|---|---|
| 被解释变量 | 发明专利 | Patent | Ln（发明专利申请数量+1） |
| 中介变量 | 研发投入 | RD | Ln（企业研发经费投入+1） |
| 调节变量 | 企业年龄 | Age | Ln（2022-企业成立年份） |
| 解释变量 | 税收优惠 | Taxp | Ln（收到的各项税费返还+1） |
| | 政府补助 | Subsidy | Ln（企业获得的政府补助+1） |
| 控制变量（control） | 盈利水平 | Roa | 税前利润/总资产×100% |
| | 营业收入增长率 | Crowth | 营业收入增加额/上期营业收入额×100% |

（三）模型构建

基于上述变量分析，为分析减税降费和政府补助对专精特新企业技术创新的影响，我们引入企业年龄（Age）作为调节变量，引入研发投入（RD）作为中介变量，构建具有中介变量的调节变量模型如下：

$$Patent = \alpha_0 + \alpha_1 Taxp + \alpha_2 Subsidy + \alpha_3 Age + \alpha_3 (Age \times Taxp) +$$
$$\alpha_5 (Age \times Subsity) + \alpha_6 Control + \varepsilon \qquad (5.1)$$

$$RD = \beta_0 + \beta_1 Taxp + \beta_2 Subsidy + \beta_3 Age + \beta_4 (Age \times Taxp) +$$
$$\beta_5 (Age \times Subsity) + \beta_6 Control + \varepsilon \qquad (5.2)$$

$$Patent = \gamma_0 + \delta RD + \gamma_1 Taxp + \gamma_2 Subsidy + \gamma_3 Age +$$

$$\gamma_4(Age \times Taxp) + \gamma_5(Age \times Subsity) + \gamma_6 Control + \varepsilon \quad (5.3)$$

考虑到减税降费和政府补助对企业创新影响作用的延后性，模型（5.1）（5.2）（5.3）中的 Taxp 和 Subsidy 为滞后一期数据。

图5-1是调节变量企业年龄（Age）的调节关系和中介变量研发投入（RD）的中介效应示意图。税收优惠（Taxp）和政府补助（Subsidy）为解释变量，反映技术创新水平的发明专利（Patent）为被解释变量。

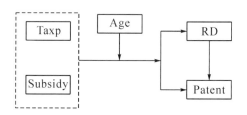

**图5-1　调节关系和中介效应示意图**

分析及检验步骤如下：第一步，我们进行发明专利（Patent）对税收优惠（Taxp）、政府补助（Subsidy）、企业年龄（Age）以及税收优惠和政府补助与企业年龄的乘积变量（Age×Taxp，Age×Subsidy）的回归，用于检测企业年龄在税收优惠和政府补助对企业创新的影响中的调节效应，即模型（5.1）的回归。若 Age×Taxp 和 Age×Subsidy 两乘积项的系数显著，说明企业年龄对企业技术创新与税收优惠、政府补助的调节效应显著。第二步，我们进行研发投入（RD）对税收优惠（Taxp）、政府补助（Subsidy）、企业年龄（Age）以及税收优惠和政府补助与企业年龄乘积变量的回归，用于检测企业年龄对研发投入的调节作用，即模型（5.2）的回归。若 Age×Taxp 和 Age×Subsidy 两乘积项的系数显著，说明企业年龄对企业研发投入与税收优惠、政府补助的调节效应显著。第三步，我们进行发明专利（Patent）对税收优惠（Taxp）、政府补助（Subsidy）、研发投入（RD）、企业年龄（Age）、税收优惠和政府补助与企业年龄的乘积变量（Age×Taxp，Age×Subsidy）的回归，便于检测企业研发投入的中介效应以及分析税收优惠和政府补助对企业技术创新的影响，即模型（5.3）的回归。如果变量 RD 的系数显著，说明研发投入对企业技术创新存在中介效应，而且如果 Age×Taxp 和 Age×Subsidy 的系数不显著，说明企业年龄的调节效应完全通过研发投入起作用。

## 四、实证分析

（一）指标的统计特征分析

表 5-3 是变量的描述性统计特征。从样本企业各指标特征来看，研发投入（RD）、政府补助（Subsidy）、税收优惠（Taxp）的均值分别为 17.966 7、16.608 4、12.842 2，即年均研发投入为 exp（17.966 7）= 6 350 万元。类似地，我们可以算出企业获得的政府补助和享受的税收优惠额分别为 1 632.96 万元和 37.79 万元；衡量企业科技创新水平的发明专利（Patent）指标均值为 1.466 3，即平均年发明专利申请数量为 3.331 件，表明样本企业发明专利申请数量总体不多。

**表 5-3　变量的描述性统计特征**

| 项目 | Patent | RD | Taxp | Subsidy | Age | Roa | Growth |
|------|--------|------|------|---------|-----|-----|--------|
| Mean | 1.466 3 | 17.966 7 | 12.842 2 | 16.608 4 | 2.852 6 | 4.164 7 | 21.537 8 |
| Median | 1.242 4 | 18.018 5 | 16.115 7 | 16.370 0 | 2.890 3 | 4.188 1 | 13.940 0 |
| Maximum | 8.623 8 | 23.014 1 | 22.357 2 | 21.452 1 | 3.610 9 | 29.848 9 | 267.300 0 |
| Minimum | 0.000 0 | 0.000 0 | 0.000 0 | 0.000 0 | 1.386 2 | -43.519 9 | -56.840 0 |
| Std. Dev. | 1.631 9 | 2.308 9 | 6.959 6 | 1.569 4 | 0.322 8 | 6.365 7 | 41.973 5 |
| Skewness | 1.509 6 | -4.314 5 | -1.116 6 | 0.443 5 | -0.854 3 | -1.615 7 | 2.575 3 |
| Kurtosis | 6.113 2 | 36.060 9 | 2.634 6 | 3.424 8 | 5.356 8 | 15.192 2 | 12.790 7 |
| Jarque-Bera | 246.079 7 | 15 274.61 | 67.000 2 | 12.655 7 | 110.872 0 | 2 081.474 | 1 601.285 |
| Probability | 0.000 0 | 0.000 0 | 0.000 0 | 0.001 7 | 0.000 0 | 0.000 0 | 0.000 0 |

表 5-4 是相关性统计分析结果。从表 5-4 可以看出，首先，各变量之间的相关系数都在 0.5 以下，初步表明变量之间没有多重共线性问题，选择合理。其次，研发投入（RD）与税收优惠（Taxp）、政府补助（Subsidy）显著正相关；发明专利（Patent）与企业的研发投入（RD）、税收优惠（Taxp）显著正相关。这与政府刺激企业技术创新的财政政策初衷基本一致。但是，发明专利（Patent）与政府补助（Subsidy）的相关性并不显著。最后，我们可以发现，企业享受的税收优惠与企业年龄负相关，但不显著，这与税收优惠政策的实施情况也基本吻合。因为本章的研究对象是专精特新企业，为鼓励专精特新企业技术创新，国家规定符合条件的新办企业享有免征或减征税政策，而随着企业的发展壮大和成熟，各种税收优惠也随之减少。

表 5-4　相关性统计分析结果

| 项目 | Patent | RD | Taxp | Subsidy | Age | Roa | Growth |
|------|--------|-----|------|---------|-----|-----|--------|
| Patent | 1. 000 00 | | | | | | |
| RD | 0. 436 62<br>（0. 00） | 1. 000 00 | | | | | |
| Taxp | 0. 310 78<br>（0. 00） | 0. 301 61<br>（0. 00） | 1. 000 00 | | | | |
| Subsidy | 0. 028 01<br>（0. 61） | 0. 201 61<br>（0. 00） | 0. 127 37<br>（0. 02） | 1. 000 00 | | | |
| Age | 0. 132 31<br>（0. 01） | 0. 053 79<br>（0. 34） | -0. 002 38<br>（0. 96） | 0. 006 96<br>（0. 90） | 1. 000 00 | | |
| Roa | 0. 090 37<br>（0. 10） | 0. 117 51<br>（0. 03） | -0. 065 90<br>（0. 24） | -0. 010 48<br>（0. 85） | -0. 017 01<br>（0. 76） | 1. 000 00 | |
| Growth | 0. 049 23<br>（0. 38） | 0. 190 94<br>（0. 00） | 0. 077 28<br>（0. 17） | 0. 024 08<br>（0. 66） | 0. 105 11<br>（0. 06） | 0. 137 98<br>（0. 01） | 1. 000 00 |

（二）企业年龄调节效应和研发投入中介效应检验

本章构建了有中介的调节变量模型。按照逻辑关系，我们运用 EVIEWS 软件先检验调节效应，再检验中介效应。我们在对各变量进行中心化处理后分别对模型（5.1）（5.2）（5.3）进行回归分析。回归前，我们进行模型的 Hausman 检验，确定对各模型采用随机效应回归。检验结果如表5-5所示。从表5-5可知，各变量的 VIF 值都小于10，表明变量之间不存在共线性，与表5-4的相关分析结论一致，进一步表明变量选择合理。表5-5的回归结果表明，企业年龄与税收优惠和政府补助的乘积项（Age×Taxp，Age×Subsidy）的系数为负，且分别在5%和1%的显著性水平下显著。这说明，企业年龄在税收优惠和政府补助对专利申请数量的影响关系中有显著的负向调节作用。研发投入（RD）的回归系数大于零且在1%的显著性水平下显著，表明研发投入在税收优惠和政府补助对专精特新技术创新的影响中存在显著的正向中介效应。

表5-5  税收优惠、政府补助对专精特新企业技术创新的影响

| 模型（5.3）-Dependent Variable：patent | | | | |
|---|---|---|---|---|
| Method：Pooled EGLS（Cross-section random effects） | | | | |
| Variable | Coefficient | Std. Error | t-Statistic | Prob. | VIF |
| RD | 0.106 4 | 0.038 4 | 2.769 6 | 0.006 1 | 1.340 3 |
| Taxp | 0.182 2 | 0.074 0 | 2.462 8 | 0.014 6 | 1.043 6 |
| Subsidy | 0.038 0 | 0.023 3 | 1.631 2 | 0.104 4 | 1.011 2 |
| Age | −0.018 4 | 0.044 2 | −0.416 7 | 0.677 4 | 1.355 5 |
| Age×Taxp | −0.124 0 | 0.052 5 | −2.362 3 | 0.019 1 | 1.003 6 |
| Age×Subsidy | −0.087 1 | 0.026 0 | −3.354 6 | 0.000 9 | 1.004 7 |
| Roa | −0.041 4 | 0.086 9 | −0.476 4 | 0.634 3 | 1.006 5 |
| Growth | 0.008 9 | 0.086 5 | 0.102 7 | 0.918 3 | 1.007 5 |
| C | 0.055 6 | 0.033 5 | 1.659 0 | 0.098 6 | |
| Weighted Statistics | | | | | |
| R-squared | 0.082 7 | Mean dependent var | | −0.006 3 | |
| Adjusted R-squared | 0.047 6 | S. D. dependent var | | 0.868 2 | |
| S. E. of regression | 0.847 3 | Sum squared resid | | 150.04 | |
| F-statistic | 2.357 2 | Durbin-Watson stat | | 2.236 1 | |
| Prob（F-statistic） | 0.019 0 | | | | |

表5-5(续)

| 模型 (5.2) -Dependent Variable: RD | | | | | |
|---|---|---|---|---|---|
| Method: Pooled EGLS (Cross-section random effects) | | | | | |
| Variable | Coefficient | Std. Error | t-Statistic | Prob. | VIF |
| Taxp | 0.143 8 | 0.039 2 | 3.666 1 | 0.000 3 | 1.043 6 |
| Subsidy | −0.047 9 | 0.006 5 | −7.421 1 | 0.000 0 | 1.011 2 |
| Age | 0.614 8 | 0.018 9 | 32.519 0 | 0.000 0 | 1.355 5 |
| Age×Taxp | 0.070 3 | 0.025 6 | 2.744 6 | 0.006 5 | 1.003 6 |
| Age×Subsidy | −0.022 3 | 0.008 0 | −2.782 2 | 0.005 8 | 1.004 7 |
| Roa | −0.039 1 | 0.022 4 | −1.747 0 | 0.081 8 | 1.006 5 |
| Growth | 0.148 8 | 0.020 3 | 7.313 5 | 0.000 0 | 1.007 5 |
| C | −0.017 0 | 0.007 9 | −2.168 3 | 0.031 0 | |
| Weighted Statistics | | | | | |
| R-squared | 0.503 9 | Mean dependent var | | −0.006 1 | |
| Adjusted R-squared | 0.490 6 | S. D. dependent var | | 0.867 6 | |
| S. E. of regression | 0.619 2 | Sum squared resid | | 100.454 8 | |
| F-statistic | 38.013 2 | Durbin-Watson stat | | 1.849 4 | |
| Prob (F-statistic) | 0.000 0 | | | | |
| 模型 (5.1) -Dependent Variable: Patent | | | | | |
| Method: Pooled EGLS (Cross-section random effects) | | | | | |
| Variable | Coefficient | Std. Error | t-Statistic | Prob. | VIF |
| Taxp | 0.196 1 | 0.073 6 | 2.663 6 | 0.008 3 | 1.043 6 |
| Subsidy | 0.034 3 | 0.025 5 | 1.346 4 | 0.179 6 | 1.011 2 |
| Age | 0.046 3 | 0.057 6 | 0.803 6 | 0.422 5 | 1.355 5 |
| Age×Taxp | −0.120 3 | 0.052 5 | −2.289 6 | 0.023 0 | 1.003 6 |
| Age×Subsidy | −0.083 0 | 0.026 7 | −3.103 2 | 0.002 2 | 1.004 7 |
| Roa | −0.050 1 | 0.081 8 | −0.612 1 | 0.541 2 | 1.006 5 |
| Growth | 0.024 5 | 0.081 2 | 0.301 4 | 0.763 4 | 1.007 5 |
| C | 0.053 2 | 0.034 0 | 1.566 6 | 0.118 7 | |
| Weighted Statistics | | | | | |
| R-squared | 0.077 0 | Mean dependent var | | −0.006 3 | |
| Adjusted R-squared | 0.046 3 | S. D. dependent var | | 0.868 2 | |
| S. E. of regression | 0.847 8 | Sum squared resid | | 150.97 | |
| F-statistic | 2.506 0 | Durbin-Watson stat | | 2.219 8 | |
| Prob (F-statistic) | 0.017 1 | | | | |

（三）税收优惠、政府补助对专精特新企业技术创新的影响

1. 企业年龄作用

首先，根据表 5-5 中模型（5.3）的回归结果，我们可以绘制发明专利（Patent）与税收优惠（Taxp）和政府补助（Subsidy）等变量间的关系及回归系数示意图（见图 5-2）。图 5-2 直观地表明，Taxp 和 Subsidy 对 Patent 的回归系数分别等于 0.182 2 和 0.037 9，且分别在 5% 和 10% 的显著性水平下显著。这说明，税收优惠和政府补助对民营企业技术创新有直接促进作用，且税收优惠的作用较政府补助的作用更显著。

其次，从图 5-2 可知，发明专利（Patent）关于企业年龄（Age）的回归系数小于零，虽然不显著，但是 Patent 关于 Age×Taxp 和 Age×Subsidy 的回归系数均小于零，且均在 1% 的显著性水平下显著。这说明，随着企业年龄的增长，税收优惠和政府补助对创新的激励作用会随之降低。这与现有文献的研究结论一致。

最后，为进一步分析税收优惠和政府补助对企业技术创新影响中的总效应，根据表 5-5 的回归结果，模型（5.2）和模型（5.3）可以直观地表述为模型（5.4）和模型（5.5）。我们把模型（5.4）代入模型（5.5），得模型（5.6）。由此可知，税收优惠和政府补助对发明专利的影响系数是关于企业年龄的减函数，分别为（0.197 5 − 0.116 4Age）×Taxp 和（0.037 9 − 0.087 0Age）×Subsidy。结合我们进行回归分析时对企业年龄进行对数处理［取 ln（Age）用于回归分析］，我们可以计算出当企业年龄分别为 exp（0.197 5/0.116 4）= 5.46 年和 exp（0.037 9/0.087 0）= 1.56 年后，税收优惠和政府补助对企业的创新激励作用分别会在约五年和约两年后逐渐降低。

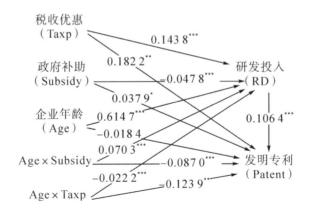

图 5-2 变量间的关系及回归系数示意图

$$RD = -0.017 + 0.143\ 8Taxp - 0.047\ 8Subsidy + 0.614\ 8Age +$$

$$0.070\ 3(Age \times Taxp) - 0.022\ 2(Age \times Subsity) + \beta_6 Control$$

$$= -0.017 + 0.614\ 8Age + (0.143\ 8 + 0.070\ 3Age) \times Taxp -$$

$$(0.047\ 8 + 0.022\ 2Age) \times Subsidy + \beta_6 Control \qquad (5.4)$$

$$Patent = 0.055\ 6 + 0.106\ 3RD + 0.182\ 2Taxp + 0.037\ 9Subsidy -$$

$$0.018\ 4Age - 0.123\ 9(Age \times Taxp) - 0.087\ 0(Age \times Subsity) +$$

$$\gamma_6 Control$$

$$= 0.055\ 6 + 0.106\ 3RD - 0.018\ 4Age + (0.182\ 2 - 0.123\ 9Age) \times$$

$$Taxp + (0.037\ 9 - 0.087\ 0Age) \times Subsidy + \gamma_6 Control \qquad (5.5)$$

$$Patent = 0.054\ 8 + 0.046\ 9Age + (0.197\ 5 - 0.116\ 4Age) \times Taxp +$$

$$(0.032\ 8 - 0.089\ 3Age) \times Subsidy + \gamma Control \qquad (5.6)$$

2. 企业规模作用

企业的技术创新水平不仅与政府财政政策有关，也与企业自身的特征相关。除专门的高新技术研发企业外，其他一般企业的创新活动通常是在企业发展到一定规模后才会进行，而且企业规模不同，从事技术创新的能力也不同。也就是说，税收优惠和政府补助对企业创新的激励效果会存在规模差异。为了进一步分析税收优惠和政府补助对专精特新企业技术创新受企业规模的影响，我们根据国家统计局印发的《统计上大中小微型企业划分办法（2017）》将样本企业按企业规模划分为大型企业、中小型企业，并分别进行回归分析。结果见表 5-6［仅列出模型（5.2）和模型（5.3）的回归结果。模型（5.1）的回归情况、变量共线性结果与表 5-5 结果类似，此不赘述］。

首先，由表 5-6 可知，税收优惠和政府补助对大型企业技术创新具有直接促进作用。但是，对于中小型企业来说，Subsidy 对 Patent 的回归系数小于零且显著，说明以发明专利申请数量作为企业创新的衡量指标时，政府补助与中小型企业的创新水平负相关。为进一步分析原因，我们用专利申请数量（含发明专利、实用新型专利和外观设计专利）替代发明专利申请数量，运用相同方法进行回归分析。结果显示，Subsidy 的系数虽然小于零，但是显著性减弱了（限于篇幅，回归结果不详细列出）。可以这样认为，中小型企业没有最大限度地发挥政府补助对企业技术创新的激励作用，或者中小型企业没有充分利用政府补助进行技术创新活动。这与现有文献的研究结论类似，企业创新可分为实质性创新（以发明专利衡量）和策略性创新（以各种类型专利衡量），部分中小型企业为了获取政府财政支持或补助，虽然发明专利以外的专利申请数量增加了，但真正反映技术创新水平的发明专利没有增加，也就是部分中小型企业表现出了创新"量"的增加，但没有创新"质"的提升。

其次，我们分别把表 5-6 中第 2 列和第 4 列对应的 RD 的回归模型代入第 3 列和第 5 列的 Patent 的回归模型，可得模型（5.7）和模型（5.8）。由模型（5.7）可知，对于大型企业而言，企业年龄在税收优惠和政府补助激励企业创新的过程中有负向调节作用。这与上文研究结论一致。我们进一步通过计算可得 exp（0.103 5/0.171 9）= 1.84，exp（0.089 3/0.140 5）= 1.88。也就是说，在大型企业成立的前两年内，税收优惠和政府补助对企业创新的激励效果较好。由模型（5.8）可知，对于中小型企业而言，企业年龄在税收优惠和政府补助对企业创新的总效应中总是起正向调节作用，这说明税收优惠和政府补助是激励中小型企业创新的重要手段。

$$\text{Patent}_{大型企业} = 0.094\,4 + 0.083\,5\text{Age} + (0.103\,5 - 0.171\,9\text{Age}) \times \text{Taxp} +$$
$$(0.089\,3 - 0.140\,5\text{Age}) \times \text{Subsidy} + \gamma\text{Control} \qquad (5.7)$$

$$\text{Patent}_{中小企业} = -0.005\,4 + 0.004\,7\text{Age} + (0.419\,0 + 0.002\,1\text{Age}) \times \text{Taxp} +$$
$$(-0.129\,9 + 0.039\,1\text{Age}) \times \text{Subsidy} + \gamma\text{Control} \quad (5.8)$$

表 5-6　税收优惠和政府补助对不同规模专精特新企业技术创新影响

| Method：Pooled EGLS（Cross-section random effects） | | | | |
|---|---|---|---|---|
| 项目 | 大型企业 | | 中小型企业 | |
| Variable | RD | Patent | RD | Patent |
| RD | | 0.074 4* | | 0.202 8* |
| Taxp | 0.125 9*** | 0.094 1 | 0.258 9* | 0.366 5*** |
| Subsidy | −0.074 3*** | 0.094 8*** | 0.058 4** | −0.141 8*** |
| Age | 0.640 9*** | 0.035 8 | 0.528 9*** | −0.105 7** |
| Age×Taxp | 0.045 7*** | −0.175 3** | 0.093 3 | −0.016 7 |
| Age×Subsidy | −0.018 5* | −0.139 1*** | −0.051 0*** | 0.049 4 |
| Roa | −0.056 9 | −0.037 2 | 0.072 1 | −0.071 7 |
| Growth | 0.095 5 | −0.029 0 | 0.253 1*** | 0.111 7 |
| C | −0.011 8 | 0.095 2** | −0.002 1 | −0.005 0 |
| Weighted Statistics | | | | |
| R-squared | 0.505 6 | 0.090 3 | 0.626 3 | 0.265 1 |
| Adjusted R-squared | 0.488 3 | 0.045 7 | 0.579 6 | 0.114 4 |
| S. E. of regression | 0.620 9 | 0.848 4 | 0.565 9 | 0.823 60 |
| Durbin-Watson stat | 1.693 4 | 2.229 0 | 2.224 0 | 2.185 7 |
| F-statistic | 29.227 | 2.024 6 | 13.410 2 | 1.759 1 |
| Prob（F-statistic） | 0.000 0 | 0.046 5 | 0.000 0 | 0.115 4 |

说明：***、**、*分别表示在1%、5%、10%的显著性水平下显著。

### 3. 企业区域差异

从我国专精特新企业发展状况来看，其主要集聚在东部沿海地区，尽管国家实施西部大开发战略和中部地区崛起战略后，中西部地区与东部沿海地区的发展差距有所缩小，但企业产业发展水平在东部沿海地区和中西部地区之间仍然存在较大差异。不同区域对专精特新企业发展的政策支持也不一致。这种差异是否会导致专精特新企业技术创新影响的区域差异？我们对东部沿海地区和中西部地区专精特新企业加以区分，计量分析方法与上文一致，分别分析税收优惠地区和政府补助对东部沿海和中西部地区专精特新企业技术创新的影响。

由表5-7可知，税收优惠对东部地区专精特新企业创新的直接激励作用依然高于政府补助的作用，且激励效果更显著。对于中西部地区专精特新企业来说，由表5-7最后一列的回归系数为负可知，如果以发明专利衡量中西部地区专精特新企业的创新水平，则其创新与获得的政府补助负相关。或者说中西部地区专精特新企业将政府补助并非主要应用于技术创新，具体原因有待深入研究。但是，税收优惠对中西部地区专精特新企业创新却能表现出显著的正向促进作用。主要原因可能是企业用于研发的支出可以抵免所得税。另外，根据表5-7的回归结果，可得模型（5.9）和模型（5.10）。由模型（5.9）和模型（5.10）以及表5-7可知，对于东部沿海地区专精特新企业来说，税收优惠的激励强度大于政府补助的激励强度，并且通过计算可知税收优惠的激励效应为3~4年，而政府补助的激励效应只有1~2年。对于中西部地区专精特新企业来说，税收优惠的激励效应为 $\exp(0.1776/0.0255) = 1058$ 年，也就是说税收优惠是激励中西部地区专精特新企业技术创新的永恒手段。

$$\text{Patent}_{东部} = 0.1241 - 0.0728\text{Age} + (0.2371 - 0.1826\text{Age}) \times \text{Taxp} +$$
$$(0.0191 - 0.2698\text{Age}) \times \text{Subsidy} + \gamma\text{Control} \qquad (5.9)$$

$$\text{Patent}_{中西部} = 0.0014 - 0.0868\text{Age} + (0.1776 - 0.0225\text{Age}) \times \text{Taxp} +$$
$$(-0.0133 - 0.0883\text{Age}) \times \text{Subsidy} + \gamma\text{Control} \qquad (5.10)$$

表5-7 税收优惠和政府补助对不同区域专精特新企业技术创新的影响

| Method：Pooled EGLS（Cross-section random effects） | | | | |
|---|---|---|---|---|
| 项目 | 东部沿海地区 | | 中西部地区 | |
| Variable | RD | Patent | RD | Patent |
| RD | | 0.170 8*** | | 0.377 7*** |
| Taxp | 0.172 5*** | 0.206 4** | 0.057 3 | 0.155 1*** |
| Subsidy | −0.047 8 | 0.027 1 | 0.282 8*** | −0.120 9* |
| Age | 0.656 7*** | −0.184 9 | 0.096 2 | −0.123 1** |
| Age×Taxp | 0.057 1*** | −0.192 3*** | 0.115 9 | −0.066 5 |
| Age×Subsidy | −0.001 8 | −0.269 5*** | −0.129 1 | −0.039 5 |
| Roa | −0.090 0*** | 0.044 8 | 0.063 9 | −0.067 3 |
| Growth | 0.122 7*** | −0.016 6 | 0.166 4** | −0.087 2 |
| C | −0.019 1 | 0.127 6 | −0.018 2** | 0.008 4 |
| Weighted Statistics | | | | |
| R-squared | 0.626 8 | 0.130 6 | 0.165 1 | 0.168 8 |
| Adjusted R-squared | 0.607 9 | 0.072 4 | 0.120 4 | 0.106 6 |
| S. E. of regression | 0.544 1 | 0.837 3 | 0.813 1 | 0.822 0 |
| Durbin-Watson stat | 1.998 7 | 2.163 8 | 2.065 8 | 2.196 5 |
| F-statistic | 33.561 | 2.239 7 | 3.680 4 | 2.716 5 |
| Prob（F-statistic） | 0.000 0 | 0.029 0 | 0.001 1 | 0.009 1 |

说明：***、**、*分别表示在1%、5%、10%的显著性水平下显著。

## 五、结论与政策建议

（一）结论

本章选取了226家沪深A股上市专精特新企业为研究对象，把企业创新投入和创新产出纳入同一系统，在参阅现有研究文献并分析专精特新企业创新影响因素的基础上，以2019—2022年相关指标数据为样本，通过构建以企业研发投入为中介变量，以企业年龄为调节变量的有中介的调节变量模型，就税收优惠和政府补助对专精特新企业创新的影响进行了研究。本章先以 226 家企业作为整体研究对象，分析税收优惠、政府补助对企业技术创新的影响，并分析企业年龄对创新的调节作用，再把 226 家企业按企业规模分为大型企业和中小型企业，按所属区域分为东部沿海地区企业和中西部地区企业进一步分析。本章的研究结果表明：

第一，税收优惠对专精特新企业技术创新有显著的激励作用，但是企业年龄表现有负向调节作用，即企业成立初期，税收优惠更能激励企业进行技术创新，随着企业的发展成熟，税收优惠的激励作用会减弱。

第二，政府补助对专精特新企业技术创新的激励作用因企业规模和所属区域而存在差异。对于东部地区、大型专精特新企业而言，政府补助对企业技术创新有促进作用，但没有税收优惠的促进作用显著；对于中西部地区、中小型专精特新企业来说，政府补助对企业技术创新的回归系数为负，说明政府补助和企业技术创新负相关且显著。为探究其原因，我们以企业的专利申请数量（含发明专利、实用新型专利、外观设计专利）替代发明专利申请数量，作为企业技术创新的衡量指标，进行回归分析。虽然回归系数为负，但是显著性降低了。我们可以认为，部分中西部地区的中小型专精特新企业为获取政府补助，企业技术创新在"数量"上提高了，但在"质量"上没有明显提升。

第三，对于中小型专精特新企业来说，由模型（5.8）可知，企业发明专利申请数量与税收优惠和政府补助的回归系数分别为（0.419 0+0.002 1Age）和（−0.129 9+0.039 1Age），表明税收优惠和政府补助对中小企业技术创新的总激励效应是企业年龄的增函数。也就是说，对于中小型专精特新企业而言，尽管税收优惠和政府补助对企业技术创新的激励效果没有大型企业显著，但永远是激励企业技术创新的重要手段。

第四，类似于中小型企业，中西部地区专精特新企业创新与政府补助同样表现出负相关关系，而税收优惠的激励作用比较显著，说明税收优惠是激励中西部地区专精特新企业创新的有效措施。

（二）政策建议

根据本章的研究结论，我们就专精特新企业创新的激励政策和措施提出如下建议：

第一，税收优惠和政府补助均有助于激励专精特新企业开展创新活动，但两者的激励效果对于不同企业而言存在有差异，因此政府应该实施差异化政策。例如，税收优惠对中西部地区企业和中小型企业技术创新的激励作用要大于政府补助的激励作用。对于这些企业来说，政府可以更多地采用税收优惠的方式进行创新激励。具体而言，首先，政府可以适当提高有实质性创新企业的研发费用的税前扣除比例；其次，政府可以拓展税收优惠政策在研发投入的覆盖面，扩大受惠企业范围，形成"普惠"性税收激励政策。最后，对技术含量较低的"创新"企业和"创新"活动，政府可以通过后期甄别和后期补助的方法进行创新奖励，以提高企业创新质量。

第二，实行创新政策的定期评价制度，根据评价结果进行政策调整。政府补助在中小型企业和中西部地区企业创新中呈现负相关关系，这可以评价政府补助是否应用到位，企业是否真正将政府补助应用于创新活动，企业是否存在利用"策略性创新"行为套取政府补助。政府可以通过制定并实施惩罚措施，对套取政府补助的"策略性创新"行为，取消补助甚至按已享受的补助额度实行一定比例的惩罚。对创新成绩突出、创新效果显著的企业，政府可以加大政策支持力度。

第三，地方政府应当结合当地实际，加大对专精特新企业创新活动的支持力度。政府可以采取股权投资、"借转补"、事后奖补等方式，支持企业进行研发和项目建设；鼓励专精特新企业发展产业技术联盟，设立政府专项资金加强专精特新企业创新人才培育。

第四，政府可以选择重点产业、重点行业、重点企业，以税制优化和税负优惠相结合的方式，降低企业税负。政府可以加大对战略性新兴产业和高新技术企业的技术创新政策支持力度，比如适当延长免税、减税期，适当扩大研发成本扣除范围、提高研发费用扣除比例等。

第五，从我们的实证分析结果来看，专精特新企业技术创新能力存在比较明显的区域差异，东部沿海地区专精特新企业的技术创新能力普遍高于中西部地区。因此，从国家层面而言，扶持或鼓励政策应该向中西部地区企业倾斜，国家应该更多地加大对中西部地区企业的技术创新支持力度。国家可以专门针对中西部地区企业技术创新制定税收优惠和财政补贴政策。财政补贴不仅要补贴有实质性创新的企业，还要补贴对企业技术创新有直接贡献的技术人员。国家通过政府补贴，让中西部地区企业能吸纳更多技术人才，从而提升企业技术创新能力。

# 第六章　专精特新企业创新能力评价及提升路径分析

本章首先分析了专精特新企业科技创新能力的内涵和构成要素，并构建了符合高质量发展要求的专精特新企业科技创新能力评价指标体系；其次引入离差最大化方法和最小方差法分别确定评价指标权重与动态时间权重，选取湖南省专精特新企业为研究对象，利用多阶段 TOPSIS 方法基于动态视角，对湖南省专精特新企业科技创新能力进行综合评价，并与中部地区其他五省专精特新企业科技创新能力进行比较分析；最后为湖南省专精特新企业科技创新能力的提升给出了路径选择和策略建议。

## 一、引言

改革开放以来，专精特新企业作为我国国民经济发展的重要组成部分，得到空前的发展和壮大。专精特新企业的快速成长不仅受到了政府的重视，也受到学术界的广泛关注。然而，随着我国经济的转型发展，企业生存和经营的环境迅速改变，企业生存环境的影响因素在高层次和大范围内相互作用与渗透，企业面临着越来越激烈的竞争，其核心竞争力又是企业赖以生存和发展的基础。要想在日益激烈的国内外市场竞争中获得一席之地，企业尤其是专精特新企业就必须不断提升自身的核心竞争力。专精特新企业的核心竞争力源自何处？如何更快、更好、更科学地提升专精特新企业的核心竞争力？这些是我们必须面对并回答的重大理论和实践问题。

党的十八大报告指出："科技创新是提高社会生产力和综合国力的战略支撑，必须摆在国家发展全局的核心位置。"对于企业来说，科学技术创新是企业高质量发展的原动力，是企业提升竞争力的核心动力。关于企业科技创新，党的十九大报告指出："激发和保护企业家精神，鼓励更多社会主体投身创新创业。"党的二十大报告指出："强化企业科技创新主体地位，发挥科技型骨干企业引领支撑作用，营造有利于科技型中小微企业成长的良好环境，推动创新链产业链资金链人才链深度融合。"目前，国内专精特新企业的科技创新能力显著提升，专精特新企业已经成为推动科技创新、提升国民经济发展质量和推动转型升级的重要力量。从行业来看，我国专精特新企业不但在传统的轻工纺织行业占据显著优势，也在高新技术产业领域发挥出重要的技术创新和引领作用，如在新一代信息技术、人工智能、智能装备等新兴产业的技术创新中做出重大贡献。中国民营科技促进会会长马彦民说："在我国现有的 3 000 多万家企业中，高新技术产业企业达到了 18.1 万家，其中专精特新企业占绝大多数，占比达到 83%，民营科技企业已经成为支撑科技创新主力军。"①可见，专精特新企业科技创新能力和科技创新能力的提升越来越成为政府、企业和学界关注的焦点。

鉴于此，本章先对湖南省专精特新企业科技创新能力水平进行客观评价，之后就湖南省专精特新企业科技创新能力的提升提出相应建议。

## 二、专精特新企业创新能力评价指标

科技创新不仅包括技术创新还包括知识创新和现代科技引领下的管理创新。企业的科技创新是指企业作为创新主体，基于自身在科学研究方面取得的成果，通过新技术、新工艺的创造或应用，并采用新的生产方式，

---

① 马彦民在中国民营科技促进会高新技术企业分会成立大会上的讲话。

借助新的经营和管理模式，进行新产品的开发生产，不断推进产品质量提高或提供新的服务的全过程。企业的科技创新能力是指企业通过建立企业创新制度、弘扬企业创新精神，在企业内部营造创新文化和创新氛围，并根据市场变化和行业发展要求建立和实施科技创新战略，优化产品或服务功能，从而增强企业的竞争力，同时获得创造经济效益和社会效益的能力。企业的科技创新能力不仅是企业从事创新活动行为能力的体现，也是企业的创新精神与从事创新活动的决策能力、技术能力、投资能力、市场能力和管理能力的综合反映。企业科技创新能力反映在多个方面，主要包括创新投入、创新组织、创新产出等。

专精特新企业的科技创新能力是指企业在运作过程中开发并拥有的各种专门技术、独特的技能经验、组织管理、知识行为以及文化和社会关系等方面的能力，是企业在市场竞争过程中相对于竞争对手更能实现客户价值需求又不易被对方模仿的动态能力。关于专精特新企业科技创新能力的评价提升路径问题，国内外很多学者做了大量研究。总体而言，关于专精特新企业科技创新的研究可以分为定性研究和定量研究。定性研究着重研究和分析专精特新企业科技创新能力的影响因素。例如，唐孝文（2019）以北京制造业企业为研究对象，就低碳经济视角下制造业企业的技术创新水平及其影响因素进行了实证研究。卢剑峰等（2019）基于层次分析法，以专精特新企业为研究对象，从创新环境与创新绩效入手，对企业科技创新绩效及其影响因素进行了分析，分析表明企业员工的创新意识和创新行为是企业创新绩效的重要影响因素，显著影响着企业科技创新绩效。罗军（2018）以企业的研发资金投入、企业人力资本积累以及国际技术溢出作为专精特新企业技术创新的影响因素，分析了各因素对企业创新能力的影响程度。定量研究则是采用统计分析方法，选取固定时刻的样本数据，评价分析专精特新企业的竞争力和专精特新企业经营绩效。例如，王彦玲（2019）基于2005—2016年的相关数据对国企和民企创新机制与效率进行了评价，分析了两类企业在科技创新方面存在的差异并分析了原因。吴忠寿等（2018）基于 DEA 指数模型运用主成分分析方法对经济转型期的科技型企业创新效率进行评价并做出对比分析。其研究结果表明，经济转型期间科技型企业的创新效率均呈下降趋势，并且中小企业的创新效率下降更快。曹思末等（2019）利用回归分析方法，对广州市国有企业和非国有企业的创新特征与创新产出进行了实证分析。其研究结果表明，国有企业和非国有企业的创新特征没有显著差异，但国有企业在创新方面存在规模效应。类似地，钱丽等（2019）也利用 DEA 模型对不同性质企业的创新效率进行了差异分析，探索了不同性质企业存在的技术差距。

纵观现有关于专精特新企业科技创新能力的研究文献，部分文献仅对科技创新能力的影响因素进行定性分析，定量分析的文献也只是选取某个固定年度的指标数据为样本，对专精特新企业科技创新能力"静态"地进行了研究。然而，创新能力的培养与体现是一个随行业发展和自身发展而变化的动态过程，因此，关于专精特新企业科技创新能力的评价也应该是一个动态过程，选取单一时点的样本数据对专精特新企业科技创新能力进行评价并不客观。

本章在参考现有文献和对专精特新企业内在问题进行详尽分析的基础上，遵循科学性、客观性、可操作性、导向性和动态性原则，结合实际，构建了湖南省专精特新企业科技创新能力评价指标体系（见表6-1）。

表6-1　湖南省专精特新企业科技创新能力评价指标体系

| 一级指标 | 二级指标 | 指标说明 |
| --- | --- | --- |
| 科技创新财力投入 | 研发经费投入（$X_1$） | 研发经费投入占营业收入的比例 |
| | 员工培训投入（$X_2$） | 研发人员占员工总人数的比例 |
| 科技创新人、物投入 | 员工素质（$X_3$） | 员工中硕士及以上学历占比 |
| | 专技人员占职工人数的比重（$X_4$） | 员工中专业技术人员占比 |
| | 设备先进程度（$X_5$） | |

表6-1（续）

| 一级指标 | 二级指标 | 指标说明 |
|---|---|---|
| 科技创新产出 | 发明专利数量（$X_6$） | 年申请发明专利件数 |
| | 每 10 万元研发（R&D）经费的发明专利数量（$X_7$） | 每 10 万元研发经费拥有的专利数量 |
| 科技创新潜力 | 净利润增长率（$X_8$） | 当期净利润增长与基期之比 |
| | 资本积累率（$X_9$） | 股东权益增长率 |

## 三、专精特新企业创新能力评价方法

### （一）评价指标权重的确定：离差最大化法

在定量综合评价过程中，除科学地确定评价指标外，指标权重也是影响评价结果客观、科学的重要方面。目前，关于评价指标权重的确定方法包括主观赋权法和客观赋权法两种类型。离差最大化法是一种客观赋权法，它在确定指标权重时存在以下优点：计算过程简单，结果直观易理解，具有较强的实用性；权重的计算以样本数据为依据，不受主观因素干扰；对评价指标数量没有限制，适用于各种类型的评价。本书采用离差最大法进行指标赋权，以增强评价结论的客观性和合理性。

假设某个被评价体系中含有 $n$ 个被评价对象，每个被评价对象具有 $m$ 个评价指标。进行综合评价前为避免不同指标数据量纲的不同而影响评价结果的客观性，我们首先需要对各评价对象的所有评价指标的原始数据 $X = (x_{ij})_{n \times m}$ 进行标准化处理。标准化处理后，我们建立新的数据矩阵 $B = (b_{ij})_{n \times m}$，其中 $b_{ij} = (x_{ij} - x_{\min})/(x_{\max} - x_{\min}, x_{\max} + x_{\min})$ 表示同一评价指标下不同对象的最大（最小）值。

我们引入离差指标：

$$V_j(\omega) = \sum_{i=1}^{n} \sum_{k=1}^{n} |b_{ij} - b_{kj}| \omega_j \quad (j = 1, 2, \cdots, m)$$

离差最大化法就是在指标权重满足单位化约束条件 $\sum_{j=1}^{m} \omega_j^2 = 1$ 的约束

下，构建并求解优化问题：

$$\begin{cases} f(\omega) = \sum_{j=1}^{m} V_j(\omega) = \sum_{j=1}^{m} \sum_{i=1}^{n} \sum_{k=1}^{n} |b_{ij} - b_{kj}| \omega_j \\ \text{s. t.} \qquad \sum_{j=1}^{m} \omega_j^2 = 1 \end{cases} \tag{6.1}$$

求解上述优化问题，可得：

$$\omega_j^* = \left( \sum_{i=1}^{n} \sum_{k=1}^{n} |b_{ij} - b_{kj}| \right) \Big/ \sqrt{\sum_{j=1}^{m} \sum_{i=1}^{n} \sum_{k=1}^{n} |b_{ij} - b_{kj}|^2}, \quad (j=1,2,\cdots,m) \tag{6.2}$$

$\omega_j^* (j=1,2,\cdots,m)$ 为各评价指标的权重。

（二）动态评价时间权重的确定：最小方差法

本部分内容是针对专精特新企业科技创新能力进行评价。众所周知，创新能力的体现具有滞后性，也就是说当前的创新投入需要经过一段时间后才能体现在能力的提升上来。专精特新企业某一年度体现出来的创新能力实际上是之前若干年创新投入的表现。因此，创新能力的评价实际上应该是一个动态评价过程。在动态评价问题中，不同阶段的"贡献"应该不尽一致，因此时间权重的确定是关键。

本书采用最小方差法确定动态评价时间权重。最小方差法的基本思想是寻找一组最稳定的时间权重系数集结样本数据，也就是寻找最优时间权重使其波动最小。这里的波动用权重系数的方差表示。

假设评价对象经历了若干个时段 $t_1,\cdots,t_k$，我们首先给出"时间度"$\lambda$（一个事先给定的常数，取值越小，表明对近期数据重视程度越高，反之，对远期数据重视程度越高）。权重系数 $w_t$ 的方差定义为 $D(W) = \sum_{t=1}^{k} \frac{1}{k}[w_t - E(W)]^2 = \frac{1}{k}\sum_{t=1}^{k}(w_t)^2 - \frac{1}{k^2}$，其中 $E(W) = \frac{1}{k}\sum_{t=1}^{k} w_t$ 表示时间权重的均值。时间权重可以通过解优化问题（6.3）得到：

$$\begin{cases} \min\left[\dfrac{1}{k}\displaystyle\sum_{t=1}^{k}(w_t)^2 - \dfrac{1}{k^2}\right] \\ \text{s. t. } \lambda = \displaystyle\sum_{t=1}^{k}\dfrac{k-t}{k-1}w_t, \ \displaystyle\sum_{t=1}^{k}w_t = 1, \ 0 \leqslant w_t \leqslant 1 \end{cases} \quad (6.3)$$

对于非线性优化问题 (6.3),我们可以借助计算机求解,也可以借助弗勒和马吉朗德 (Fuller & Majlender) 提出的算法求解:

首先,当 $k = 2$ 时,显然有 $w_1 = \lambda$ , $w_2 = 1 - \lambda$ 。

其次,当 $k \geqslant 3$ 时,可以分三种情况:

(1) $\lambda = 0$,则 $W = (0, 0, \cdots, 1)$

(2) $\lambda = 1$,则 $W = (1, 0, \cdots, 0)$

(3) $0 < \lambda < 1$,设 $(0, 1) = \displaystyle\bigcup_{r=2}^{k-1} J_{r,k} \cup J_{1,k} \cup \left(\displaystyle\bigcup_{s=2}^{k-1} J_{1,s}\right)$

其中,$J_{r,k} = \left(1 - \dfrac{1}{3}\dfrac{2k+r-2}{k-1}, \ 1 - \dfrac{1}{3}\dfrac{2k+r-3}{k-1}\right]$ , $r = 2, \cdots, k-1$

$$J_{1,k} = \left(1 - \dfrac{1}{3}\dfrac{2k-1}{k-1}, \ 1 - \dfrac{1}{3}\dfrac{k-2}{k-1}\right)$$

$$J_{1,s} = \left[1 - \dfrac{1}{3}\dfrac{s-1}{k-1}, \ 1 - \dfrac{1}{3}\dfrac{s-2}{k-1}\right) , \ s = 2, \cdots, \ k-1$$

当 $\lambda \in J_{r,s}$,则最优时间权向量 $W^* = (0,0,\cdots,w_r^*,\cdots,w_s^*,0,\cdots,0)$

其中,如果 $j \notin I_{|r,s|} = \{r, r+1, \cdots, s-1, s\}$,则 $w_j^* = 0$;否则,如果 $j \in I_{|r,s|}$,则

$$w_r^* = \dfrac{2(2s+r-2) - 6(k-1)(1-\lambda)}{(s-r+1)(s-r+2)}$$

$$w_s^* = \dfrac{6(k-1)(1-\lambda) - 2(s+2r-4)}{(s-r+1)(s-r+2)}$$

$$w_j^* = \dfrac{s-j}{s-r}w_r^* + \dfrac{j-r}{s-r}w_s^* \ (j \in I_{|r+1,s-1|})$$

特别地,当 $r = 1$,$s = k$ 时,$\lambda \in J_{1,k} = \left(1 - \dfrac{1}{3}\dfrac{2k-1}{k-1}, \ 1 - \dfrac{1}{3}\dfrac{k-2}{k-1}\right)$

有

$$W^* = (w_1^*, \cdots, w_j^*, \cdots, w_k^*)$$

其中，$w_1^* = \dfrac{2(2k-1) - 6(k-1)(1-\lambda)}{k(k+1)}$

$$w_n^* = \frac{6(k-1)(1-\lambda) - 2(k-2)}{k(k+1)}$$

$$w_j^* = \frac{k-j}{k-1}w_1^* + \frac{j-1}{k-1}w_s^* \, (j=2,\cdots,\ k-1)$$

我们通过上述过程可以确定多阶段动态评价的时间权重。我们可以发现，当 $\lambda \in J_{1,k}$，即 $\lambda \in \left[\dfrac{k-2}{3(k-1)}, \dfrac{2k-1}{3(k-1)}\right]$ 时，最小方差法得出的时间权向量不存在零分量，这一点较适合实际评价问题，也就是在实际评价过程中时间度 $\lambda$ 的取值可以设定在 $\left[\dfrac{k-2}{3(k-1)}, \dfrac{2k-1}{3(k-1)}\right]$ 范围内。

（三）科技创新能力动态评价：多阶段决策方法

我们从标准化处理后的原始数据中找出最优目标和最劣目标，之后计算所有被评价对象与最优目标和最劣目标的距离（称之为贴近度，取值大者优），并进行排序。其步骤如下：

（1）对原始数据标准化处理后的某一时点静态值与动态增量值进行加权：

$$a_{ij}(t_q) = \vartheta \, a_{ij}^*(t_q) + (1-\vartheta) \, a_{ij}^{**}(t_q), \quad q=1,\cdots,\ k \qquad (6.4)$$

其中，$a_{ij}^*(t_k) = \dfrac{X'_{ij}(t_k)}{\sqrt{\sum\limits_{k=1}^{q} \sum\limits_{i=1}^{n} X'_{ij}(t_k)}}$，$X'_{ij}(t_k)$ 是被评价对象 $i$ 的第 $j$ 个评价指标 $t_k$ 时刻的原始值经过标准化处理后的值；$a_{ij}^{**}(t_k) = \dfrac{\Delta X'_{ij}(t_k)}{\sqrt{\sum\limits_{k=1}^{q} \sum\limits_{i=1}^{n} X'_{ij}(t_k)}}$，

$\Delta X'_{ij}(t_k) = X'_{ij}(t_k) - X'_{ij}(t_u)$，$t_u$ 是评价过程中事先选定的参照时刻，若 $t_u \notin \{t_1,\cdots,t_k\}$，则表示该时点的数据 $X'_{ij}(t_u)$ 仅作为参照值，不参与综

合评价，反之则反是。这里的 $\theta \in [0,1]$ 称为协调系数，表示评价主体对各时点指标值或该时点指标增量值的重视程度。例如，$\theta = 1$ 表示评价主体只考虑评价指标在各时刻的静态值，也就是静态评价；相反，如果假定 $\theta = 0$，则表示评价主体只考虑评价指标的增量值。下文实证分析中，我们设定 $\theta = 0.5$，既考虑各评价指标在各时点的静态值，也考虑其增量值。

（2）各评价对象最优/最劣目标值。

$$\begin{cases} A^+ = (a_{i1}^+, a_{i2}^+, \cdots, a_{im}^+), a_{ij}^+ = \max_{1 \leqslant i \leqslant n, 1 \leqslant k \leqslant q} \{a_{ij}(t_k)\} \\ A^- = (a_{i1}^-, a_{i2}^-, \cdots, a_{im}^-), a_{ij}^- = \min_{1 \leqslant i \leqslant n, 1 \leqslant k \leqslant q} \{a_{ij}(t_k)\} \end{cases} \tag{6.5}$$

（3）各评价对象在不同时点上与最优/最劣目标的距离。

$$\begin{cases} D_i^+(t_k) = \sqrt{\sum_{j=1}^m \omega_{jk} [a_{ij}^+ - a_{ij}(t_k)]^2} \\ D_i^-(t_k) = \sqrt{\sum_{j=1}^m \omega_{jk} [a_{ij}^- - a_{ij}(t_k)]^2} \end{cases} \tag{6.6}$$

其中，$\omega_{jk}$ 表示被评价指标 $j$ 在 $t_k$ 时刻的权重，根据式（6.2）求得。

（4）各评价对象在不同时点与最优目标的贴近度。

$$C_i(t_k) = \frac{D_i^-(t_k)}{D_i^+(t_k) + D_i^-(t_k)} \tag{6.7}$$

其中，$C_i(t_k)$ 取值越大，评价对象越优。

（5）根据"和性"算子 TOWA 计算综合评价值。

$$h_i = \sum_{k=1}^q w_k C_i(t_k) \tag{6.8}$$

其中，$w = (w_1, \cdots, w_q)$ 表示时间权重向量，解式（6.3）可得；$h_i$ 表示被评价对象 $i$ 的综合评价值，$h_i$ 越大，对象越优。

## 四、湖南省专精特新企业科技创新能力评价

（一）评价对象及数据选取

本书选取包括湖南省在内的中部地区六省（河南省、山西省、湖北省、安徽省、湖南省、江西省）民营经济主体为研究对象，样本数据为2015—2018年内各评价对象的年度指标值（数据来源为2015—2018年中部地区六省统计年鉴以及第四次全国经济普查相关数据）。

（二）湖南省专精特新企业科技创新能力的比较评价

根据表6-1设定的评价指标，本书选取2015—2018年包括湖南省在内的中部地区六省专精特新企业相关样本数据，运用多阶段决策评价方法对湖南省专精特新企业科技创新能力进行动态比较评价。具体评价步骤如下：我们首先根据式（6.2）计算各评价指标在各评价年度的权重；之后以2015年数据为基准，取 $\vartheta = 0.5$（认为指标值和指标增量同等重要），2015年的数据参与评价，依次根据式（6.4）（6.5）（6.6）（6.7）计算中部地区六省专精特新企业科技创新能力的动态 $C_i(t_k)$ 值。本书从动态角度对专精特新企业科技创新能力进行评价。在评价过程中，我们认为各年度数据的时效性不一致，近些年数据更能反映专精特新企业科技创新能力实际情况。同时，为确保时间权向量不出现零分量，即 $\lambda$ 的取值设定在 $\left[(k-2)/3(k-1),(2k-1)/3(k-1)\right]$ 内。本书选用的样本数据共四期，故取 $\lambda = 0.3$，并根据式（6.2）求解得到时间权重向量 $w = (0.147\ 3,\ 0.206\ 1,\ 0.309\ 6,\ 0.337\ 0)$，把时间权重代入式（6.8），求得动态评价值（如表6-2所示）。最后，为进行比较分析，我们取 $\vartheta = 1$，计算静态评价值（如表6-3所示）并与动态评价值进行比较。

表 6-2　中部地区六省专精特新企业科技创新能力动态评价结果

| 评价对象 | 2015 年 $C_i(t_1)$ | 2016 年 $C_i(t_2)$ | 2017 年 $C_i(t_3)$ | 2018 年 $C_i(t_4)$ | $\lambda = 0.2$ | |
|---|---|---|---|---|---|---|
| | | | | | 综合值 $h_i$ | 综合排序 |
| 湖南 | 0.790 8 | 0.823 5 | 0.813 6 | 0.819 4 | 0.814 2 | 2 |
| 河南 | 0.774 9 | 0.790 1 | 0.793 0 | 0.827 3 | 0.801 3 | 3 |
| 山西 | 0.741 5 | 0.745 2 | 0.746 5 | 0.761 1 | 0.750 4 | 5 |
| 湖北 | 0.822 4 | 0.823 0 | 0.827 0 | 0.830 8 | 0.826 8 | 1 |
| 安徽 | 0.759 8 | 0.761 2 | 0.783 8 | 0.805 4 | 0.782 9 | 4 |
| 江西 | 0.653 7 | 0.663 2 | 0.646 3 | 0.695 7 | 0.667 5 | 6 |

表 6-3　中部地区六省专精特新企业科技创新能力静态评价结果

| 评价对象 | 2015 年 $C_i(t_1)$ | 2016 年 $C_i(t_2)$ | 2017 年 $C_i(t_3)$ | 2018 年 $C_i(t_4)$ |
|---|---|---|---|---|
| 湖南 | 0.727 5 | 0.757 6 | 0.748 5 | 0.763 0 |
| 河南 | 0.712 9 | 0.726 9 | 0.729 6 | 0.761 1 |
| 山西 | 0.682 2 | 0.685 6 | 0.686 8 | 0.700 2 |
| 湖北 | 0.756 6 | 0.757 2 | 0.760 8 | 0.764 3 |
| 安徽 | 0.699 0 | 0.700 3 | 0.702 7 | 0.709 7 |
| 江西 | 0.601 4 | 0.610 1 | 0.614 6 | 0.640 0 |

　　首先，从湖南省及中部地区其他五省专精特新企业科技创新能力评价结果来看（见表6-2、表6-3），湖南省专精特新企业科技创新能力处于前列，仅落后于湖北省。但相对于河南省、安徽省而言，湖南省专精特新企业科技创新能力优势不够明显，而且结合两种不同评价方式（静态评价、动态评价）的评价结果，湖南省专精特新企业在科技创新能力提升方面速度偏慢。例如，2017年，河南省、山西省、安徽省专精特新企业科技创新能力评价值均不同程度提高，而湖南省专精特新企业科技创新能力评价值出现了下降的现象。

　　其次，因为动态评价综合考虑了评价对象的"过去"与"现在"，同时也关注"未来"的发展趋势，所以从表 6-2 和表 6-3 的评价结果可知，各省专精特新企业竞争力在不同时点的动态评价值与相应时点的静态评价值并不相同。例如，虽然湖南省专精特新企业在 2016 年的科技创新能力排名第一，优于湖北省，但在 2017 年和 2018 年，相对于湖北省专精特新企业的科技创新变化趋势，湖南省专精特新企业科技创新能力提升相对缓慢，因此动态综合排名也就落后于湖北省。动态评价方法在考查某一时刻各评价对象优劣的同时，也具有体现各评价指标值在不同时刻的变化的功效。

## 五、湖南省专精特新企业科技创新能力提升路径

本书通过引入离差最大化法和最小方差法，并结合多阶段决策评价从动态角度对湖南省和中部地区五省专精特新企业科技创新能力进行了比较分析。结果表明，湖南省专精特新企业科技创新能力在中部地区六省中综合排名第二，仅次于湖北省。但相对于河南省、安徽省而言，湖南省专精特新企业科技创新能力优势并不明显。从湖南省专精特新企业科技创新能力评价年度结果看，其间还存在创新能力"倒退"现象。总之，在创新引领发展的新时代，湖南省专精特新企业科技创新能力还存在提升空间，也必须不断提升。湖南省可以通过如下途径对专精特新企业科技创新能力加以培育和提升：制定切合地域实际的企业科技创新战略规划；建立现代企业制度，加强人力资源管理，建设优秀的企业技术人员团队，规范企业的治理结构；适当引进先进的技术人才，不断进行技术创新和市场创新等。

从我们的调查和专精特新企业科技创新投入指标来看，湖南省专精特新企业科技创新总体投入较湖北省还存在差距，从而导致企业技术创新能力相对低下、品牌效应不显著、资源使用效率不高。因此，湖南省应采取公共财政支持、税收优惠政策等措施鼓励专精特新企业提升科技创新能力。与此同时，企业也应该提升自身认识，结合企业经营实践和自身行业

特征，适当加大投入和技术人才培养力度，努力提升企业的科技创新能力，并全面提高市场适应能力和综合竞争能力。具体而言，湖南省提升专精特新企业科技创新能力的建议如下：

（1）湖南省各级政府要切实落实《中共湖南省委、湖南省人民政府关于〈加快民营经济发展〉的决定》《中共湖南省委、湖南省人民政府关于促进民营经济高质量发展的意见》，突出重点，注重实效，着力破解当前企业发展过程中普遍存在的，也是专精特新企业反应比较强烈的税费负担、融资难融资贵、公平竞争环境、亲清政商关系和合法权益保障等难题。

（2）相关部门要不断创新服务模式，抓住、抓好各种有利政策，对专精特新企业进行上门辅导和主动服务，跟踪落实各项工作，引导专精特新企业转型升级，提升科技创新能力和核心竞争力。一是相关部门要加快推进要素市场化改革，加快推进科技创新链、产业链、资金链、政策链、人才链深度融合，搭建完善科企对接、产学研合作平台和公共服务平台，促进科技成果向专精特新企业转化。二是相关部门要支持龙头企业组建产业技术创新联盟，引导各类企业开展技术、产品、管理创新，激发专精特新企业自主创新活力。三是相关部门要持续开展高新技术企业认定工作，使更多科技型、创新型专精特新企业享受税收优惠政策。四是相关部门要拓宽民营经济发展领域，通过降门槛、降成本、拓领域、促公平，激发民间投资活力。

（3）湖南省应实施专精特新企业素质提升工程，加强政策、法律和现代企业管理知识培训，规范企业财务管理和公司治理，增强专精特新企业合规意识，提高其经营水平和诚信度。湖南省应建立企业信息共享机制，健全公开监督机制，对各类不诚信行为加大打击力度。湖南省应优化产业空间布局，提升资源集聚和企业集约水平，提高各类产业园区的产出效率。湖南省应大力实施品牌战略，弘扬企业家和工匠精神，鼓励专精特新企业家聚焦实业、做精主业，打造一批行业品牌鲜明、创新能力强、市场占有率高的专精特新企业和"小巨人"企业。

（4）高技术产业集聚能促进技术创新。湖南省专精特新企业应要抓住中央和地方关于促进民营经济高质量发展的战略规划制定并实施专精特新企业集群发展战略，发挥专精特新企业的群集效应。在我们实证分析的中部地区六省中，湖北省专精特新企业科技创新能力评价得分较高，原因之一就是其专精特新企业数量、专精特新企业总产值和专精特新企业固定资产投资额等指标都优于其他省，而影响这些指标的因素之一是产业集群。对于众多湖南省专精特新企业而言，这既是发展过程中要面对的挑战，也是提升自身科技创新能力和核心竞争力的机遇。

# 第七章　专精特新"小巨人"企业营商环境分析

　　良好的营商环境是企业高质量发展的重要基础，也是决定区域竞争力的重要因素之一。近年来，党中央、国务院以及各省、自治区、直辖市高度重视企业高质量发展营商环境建设，并把持续改善、优化企业发展营商环境作为推动国民经济和社会高质量发展的一项重点工作来抓，创新政策及措施，着力解决企业发展过程中面临的痛点和难点问题。经过多年的努力，国内企业发展营商环境不断向好，企业发展活力不断增强，专精特新企业的培育效果初步显现，专精特新企业已经成为创新发展的领头羊，是推动国民经济高质量发展的重要力量。当然，与东部地区发达省份相比，中西部地区在优化专精特新企业发展环境建设方面存在一些差距，特别是加大营商环境政策支持力度相对不够、政策支持体系相对不完善、政策支持落实不到位等，影响和制约了区域内专精特新企业的培育和发展。

　　本章首先对国家层面及31个省、自治区、直辖市专精特新企业营商环境支持政策进行总体梳理；其次以湖南省为例，具体对湖南省优化专精特新企业（含其他民营企业）营商环境的支持政策进行详细总结；最后分析湖南省专精特新企业发展环境存在的不足和问题，并提出相应对策建议。

## 一、国家层面及省级层面专精特新企业营商环境政策支持概述

从 2011 年第一次提出专精特新企业的概念，到 2021 年 9 月为专精特新企业服务的北京交易所的成立，再到 2022 年专精特新被全国两会首次写进政府工作报告——企业的培育正上升到前所未有的高度，支持民营中小企业走向专精特新方向已成为国家的宏观发展战略。国务院多部门相继发布多项支持专精特新企业发展的政策文件。

从政策体系来看，以《"十四五"促进中小企业发展规划》为统领，《优质中小企业梯度培育管理暂行办法》《为"专精特新"中小企业办实事清单》《关于加快培育发展制造业优质企业的指导意见》《关于支持"专精特新"中小企业高质量发展的通知》等政策文件相继出台，共同构成了较为全面的支持性政策体系。从政策内容来看，密集推出的多项政策举措重点关注资金支持、创新协同、市场开拓、数字化转型、人才支持、精准服务等方面。例如，中央财政通过中小企业发展专项资金累计安排 100 亿元以上奖补资金，分三批重点支持国家级专精特新"小巨人"企业高质量发展。北京市、山东省、广东省、上海市等也推出了促进中小企业专精特新发展的奖励性政策。未来，中小企业专精特新发展政策将进一步完善，促进专精特新"小巨人"企业高质量发展的政策精准性将进一步提高。

相关政策文件明确规定，专精特新企业可以享受政府的税收优惠、资金扶持、科技创新支持等多项扶持政策。其较高的技术含量和较好的市场前景也容易获得风险投资、股权投资、债务融资等各类投资渠道的资金支持；同时还能获得人才、知识产权、管理和服务等方面支持，在市场推广方面亦存在较大优势。

除国务院相关部门发布政策文件支持专精特新企业发展外，各省、自治区、直辖市也有本省份的专精特新扶持政策。31 个省、自治区、直辖市

助力专精特新、企业发展政策如表 7-1 所示。

表 7-1　31 个省、自治区、直辖市助力专精特新企业发展政策

| 省、自治区、直辖市 | 政策名称 | 政策详情 |
|---|---|---|
| 北京市 | 《北京市关于促进"专精特新"中小企业高质量发展的若干措施》 | ①支持企业积极申报颠覆性技术和前沿技术的研发及成果转化项目，对项目设备购置、房租、研发投入等分档予以支持，第一年最高支持 200 万元，第二至三年支持金额最高不超过 500 万元；<br>②对企业符合条件的智能化、数字化和绿色化技术改造项目给予最高 3 000 万元的奖励；<br>③每年遴选不少于 30 家数字化转型标杆企业；<br>④鼓励北京市各区给予服务平台房租减免、运行补助等，对迁入北京市的国家级专精特新"小巨人"企业给予一次性奖励，组织企业开展揭榜攻关和样机研发，根据项目投入给予最高 5 000 万元的支持；<br>⑤支持专精特新"小巨人"企业围绕产业链布局开展并购重组 |
| 上海市 | 《上海市助行业强主体稳增长的若干政策措施》 | ①对市级专精特新中小企业、国家级专精特新"小巨人"分别给予不低于 10 万元、30 万元的奖励；<br>②推广专精特新中小企业"码上贷"，在上海市企业服务云开设专精特新中小企业服务专区，提供一站式服务 |
| 浙江省 | 《关于大力培育促进"专精特新"中小企业高质量发展的若干意见》 | 鼓励企业通过并购或自建方式在海外设立研发机构，研发投入总金额高于 1 000 万元的按核定研发投入的 5%给予最高不超过 500 万元的一次性奖励 |
| 广东省 | 《广东省进一步支持中小企业和个体工商户纾困发展若干政策措施》 | 对国家新认定的专精特新"小巨人"企业给予一次性奖励，支持先进制造业发展等专项资金中对国家级和省级专精特新中小企业予以倾斜支持，鼓励各市对专精特新中小企业给予资金支持 |
| 天津市 | 《天津市中小企业发展专项资金管理办法》 | ①对在库的市级专精特新中小企业给予累计不超过 50 万元的补贴；<br>②对专精特新种子企业给予累计不超过 10 万元的补贴，纳入市级专精特新中小企业名单后已获得补贴金额纳入补贴基数 |

表7-1(续)

| 省、自治区、直辖市 | 政策名称 | 政策详情 |
|---|---|---|
| 重庆市 | 《重庆市推进"专精特新"企业高质量发展专项行动计划（2022—2025年）》 | ①组建10个技术创新战略联盟，推动"产、学、研"协同创新；<br>②重点支持10家中小企业孵化器建设，重点培育10个市级重点关键产业园；<br>③推动专精特新企业数字化、智能化、绿色化发展 |
| 河北省 | 《河北省促进中小企业"专精特新"发展若干措施》 | 支持专精特新重点企业开展"制造业+互联网"新模式新业态应用，对自动化设备购置与改造，信息化软硬件购置、系统开发与服务等费用，按照不高于实际投入额的10%给予支持，单个项目不超过100万元 |
| 山西省 | 《山西省"专精特新"中小企业培育工作方案》 | ①省级财政给予每户专精特新中小企业一次性奖励资金最高不超过30万元；<br>②有条件的市要设立专精特新中小企业奖补资金，对省级专精特新企业、省级专精特新"小巨人"企业、国家级专精特新"小巨人"企业给予资金奖励 |
| 辽宁省 | 《进一步优化营商环境加大对中小微企业和个体工商户纾困帮扶力度的政策措施》 | 对新认定的国家级和省级专精特新中小企业、专精特新"小巨人"企业、制造业单项冠军，给予最高不超过100万元的奖励 |
| 吉林省 | 《吉林省人民政府关于进一步支持民营经济（中小企业）发展若干政策措施》 | "十四五"期间，累计安排1亿元省级中小企业和民营经济发展专项资金，对认定为省级以上的专精特新中小企业，给予贷款贴息和奖补等方面的扶持 |
| 黑龙江省 | 《推动"数字龙江"建设加快数字经济高质量发展若干政策措施》 | 每年认定中小企业数字化示范标杆企业50户，省级财政对每户企业一次性奖励50万元，其中省级专精特新中小企业一次性奖励100万元 |
| 江苏省 | 《江苏省专精特新企业培育三年行动计划（2023—2025年）》 | ①推动全省银行机构为专精特新企业新增5000亿元以上的授信；<br>②各市均设立对应专精特新奖补 |

表7-1（续）

| 省、自治区、直辖市 | 政策名称 | 政策详情 |
|---|---|---|
| 安徽省 | 《安徽省专精特新中小企业倍增行动方案》 | ①对省培育认定的专精特新冠军企业给予一次性奖补80万元；<br>②对获得国家级专精特新"小巨人"企业、获得单项冠军称号的企业分别给予一次性奖补100万元、200万元，鼓励各地对省认定的专精特新企业给予奖补；<br>③对迁入安徽省的国家级专精特新"小巨人"企业、获得单项冠军企业分别给予一次性奖补100万元、200万元 |
| 福建省 | 《福建省加大力度助企纾困激发中小企业发展活力的若干意见》 | 对新认定的省专精特新中小企业和国家级专精特新"小巨人"企业分档予以奖励，省级专精特新中小企业由原来奖励10万元增加到奖励20万元 |
| 江西省 | 《江西省为"专精特新"中小企业办实事清单》 | ①发挥各级中小企业发展专项资金的作用，重点支持专精特新中小企业高质量发展；<br>②为企业提供点对点服务的中小企业公共服务的平台 |
| 山东省 | 《山东省"专精特新"中小企业培育方案》 | 鼓励市（县）出台专精特新中小企业研发机构项目申报、奖励贴息等扶持政策 |
| 河南省 | 《"十四五"促进中小企业发展规划》 | 推动形成百万家创新型中小企业、十万家专精特新中小企业、一万家专精特新"小巨人"企业；培育200个中小企业特色产业集群和10个中外中小企业合作区；对新认定为国家级专精特新"小巨人"企业、省级专精特新企业分别给予200万元、50万元的一次性奖励；对认定为"单项冠军"企业、"单项冠军"产品的，分别给予500万元、100万元的一次性奖励 |
| 湖北省 | 《关于金融支持"专精特新"中小企业创新发展的指导意见》 | ①专精特新中小企业被列为金融优先支持对象；<br>②力争"十四五"期间专精特新中小企业贷款增速不低于各项贷款平均增速，专精特新领域新增贷款350亿元以上 |

表7-1(续)

| 省、自治区、直辖市 | 政策名称 | 政策详情 |
|---|---|---|
| 湖南省 | 《湖南省专精特新"小巨人"企业培育计划(2021—2025)》 | 各市(州)、县(市、区)要按照《中华人民共和国中小企业促进法》《湖南省实施〈中华人民共和国中小企业促进法〉办法》的规定,建立完善支持专精特新"小巨人"企业发展的财政资金支持制度,通过资金奖励、项目补助、融资服务、人才培训等方式,支持专精特新"小巨人"企业发展 |
| 海南省 | 《海南省促进中小企业"专精特新"发展工作实施方案(修订)》 | ①打造一批在技术、市场、产品管理等方面具有持续竞争力的中小企业群体;<br>②围绕旅游产业、现代服务产业、高新技术产业三大主导产业以及热带特色高效农业,引导全省中小企业走专精特新发展之路 |
| 四川省 | "川银-专精特新贷""专精特新信用贷"相关规定 | ①"川银-专精特新贷"给予省级专精特新中小企业单户贷款0.3亿~1亿元;<br>②"专精特新信用贷"给予专精特新中小企业发放的贷款额度最高1 000万元,最长期限3年 |
| 贵州省 | 《关于支持贵州股权交易中心设立"专精特新专板"的通知》 | 支持贵州股权交易中心设立专精特新专板 |
| 云南省 | 《云南省支持中小企业纾困发展若干措施》 | ①根据专精特新中小企业发展指标评定情况择优给予一定奖补;<br>②为"专精特新"中小企业配备服务专员,定制专属服务包;<br>③建立税务、金融等部门直通专精特新中小企业机制 |
| 陕西省 | 《陕西省重点产业链和"专精特新"中小企业银行贷款(工信贷)风险补偿实施细则》 | 对2022年获得中央财政支持的国家级重点"小巨人"企业给予配套奖补,对专精特新中小企业给予最高不超过50万元的支持 |
| 甘肃省 | 《甘肃省为"专精特新"中小企业办实事清单》 | 为省级专精特新中小企业每户奖励30万元,认定为国家级专精特新"小巨人"企业每户奖励50万元,并争取国家中小企业发展专项资金支持 |

表7-1（续）

| 省、自治区、直辖市 | 政策名称 | 政策详情 |
|---|---|---|
| 青海省 | 《关于促进中小企业"专精特新"发展的实施》 | 到 2022 年培育 200 家专精特新中小企业 |
| 广西壮族自治区 | 《广西壮族自治区为"专精特新"中小企业办实事清单》 | ①"桂惠贷"每年投向专精特新中小企业不少于 100 亿元；<br>②专精特新中小企业在沪、深、京交易所首次公开发行股票并上市的，分阶段给予奖励累计 600 万元；在新三板挂牌的，给予一次性奖励 100 万元 |
| 内蒙古自治区 | 《内蒙古自治区"专精特新"中小企业培育方案（2021—2025 年）》 | 到 2025 年，培育认定专精特新示范中小企业 200 家 |
| 西藏自治区 | 《西藏自治区关于促进中小企业"专精特新"发展的指导意见》 | 到"十四五"末期，自治区级专精特新中小企业达 150 家左右 |
| 宁夏回族自治区 | 《为专精特新中小企业办实事清单》 | 开展税收服务"春雨润苗"专项行动，开通税费服务直通车，为专精特新中小企业提供"点对点"精细服务 |
| 新疆维吾尔自治区 | 《助力"专精特新"中小企业融资服务实施方案》 | 中国银行新疆分行计划 3 年累计提供 301 亿元授信支持专精特新中小企业健康发展 |

## 二、湖南省专精特新企业营商环境政策梳理

营造良好的营商环境离不开政府政策的支持。近年来，湖南省在营造良好的经济发展营商环境，促进专精特新企业高质量发展方面制定并出台了一系列政策。例如，湖南省工业和信息化厅于 2021 年 2 月 18 日发布《关于湖南省专精特新"小巨人"企业培育计划（2021—2025 年）》，持续引导湖南省中小企业专精特新发展。针对湖南省专精特新中小企业人才要

素资源紧缺的实际情况，2022 年 6 月 22 日，湖南省人力资源和社会保障厅联合湖南省工业和信息化厅制定并出台"十大支持措施"，大力推动人才链、产业链、创新链深度融合，为专精特新中小企业高质量发展赋能。

总之，近年来，湖南省委、省政府及湖南省各级政府部门出台众多相关政策文件，引导中小企业高质量发展和走专精特新发展道路，为专精特新企业发展营造了良好的营商环境。

（一）按营商环境政策支持内容梳理

1. 财政政策支持

湖南省主要通过财政补贴和财政投资等方式，鼓励和支持专精特新企业发展，政策涉及战略新兴产业发展、创新平台建设、企业研发、企业技术创新、企业创业担保贷款、中小企业发展专项资金管理等方面。例如，《关于加快培育战略性新兴产业的决定》（湘发〔2010〕14 号）、《湖南省培育发展战略性新兴产业专项引导资金管理办法》（湘政办〔2011〕61 号）、《湖南省支持企业研发财政奖补办法》（湘财教〔2018〕1 号）、《湖南省中小企业创新平台建设实施办法》（湘工信中小发展〔2019〕35 号）、《湖南省中小企业技术创新"破零倍增"三年行动计划（2020—2022）》（湘工信中小发展〔2020〕151 号）、《湖南省中小微企业创业担保贷款贴息实施办法》（长银发〔2017〕108 号）、《湖南省中小企业发展专项资金管理办法》（湘财企〔2020〕14 号）等。

2. 税费政策支持

按照党中央、国务院关于落实更大规模税收优惠政策的工作部署，湖南省根据自身实际，近年来先后转发并制订了有关税费政策文件。例如，《湖南省财政厅、湖南省国家税务局转发〈财政部、国家税务总局关于跨境电子商务零售出口税收政策的通知〉》（湘财税〔2014〕37 号）、《关于进一步支持和促进我省自主就业退役士兵及重点群体创业就业有关税收政策的通知》（湘财税〔2019〕10 号）、《国家税务总局湖南省税务局转发

〈国家税务总局关于进一步落实落细税收优惠政策 坚决防止违规征税收费的通知〉的通知》（湘税发〔2020〕48 号）、《国家税务总局湖南省税务局关于进一步深化税务系统"放管服"改革的通知》（湘税发〔2021〕1 号）等。这些政策文件在电子商务出口、民营企业改革发展、重点群体创业就业、小微企业税收优惠等方面，发挥税收职能的作用，落实税收优惠政策，服务民营经济发展大局，提供优质的税收营商环境。湖南省营商环境相关的涉税项目和税费政策支持内容详见表 7-2。

表 7-2　湖南省营商环境相关的涉税项目和税费政策支持内容

| 序号 | 涉税项目 | 税费政策支持内容 |
|---|---|---|
| 1 | 电子商务（跨境电子商务综合试验区） | 零售出口未取得有效进货凭证的货物，符合条件的试行增值税、消费税免税政策 |
| 2 | 民营企业改革发展 | 降低增值税税率、扩大享受税收优惠小微企业范围、加大研发费用加计扣除力度、降低社保费率等 |
| 3 | 重点群体创业就业 | 建档立卡贫困人口、持"就业创业证"或"就业失业登记证"的人员，从事个体经营的，自办理个体工商户登记当月起，在 3 年内按每户每年 14 400 元为限额依次扣减其当年实际应缴纳的增值税、城市维护建设税、教育费附加、地方教育附加和个人所得税 |
| 4 | 小微企业普惠性税收优惠 | 免征月销售额 10 万元（含）以下小规模纳税人的增值税；按年应纳税所得额，分档减免小型微利企业所得税；对增值税小规模纳税人在 50% 的税额幅度内减征"六税两费"；调整初创科技型企业认定条件 |

3. 金融政策支持

湖南省以激活、壮大、增强中小民营企业为目标，充分发挥金融服务实体经济的作用。2018 年，中国人民银行长沙中心支行联合湖南省工业和信息化厅、湖南省财政厅、湖南省发展和改革委员会、湖南省地方金融监管局、湖南省银保监局筹备组、湖南省证监局六部门，出台《关于进一步深化湖南省民营和小微企业金融服务的实施意见》（长银发〔2018〕136

号）。该意见从用好货币政策工具、扩大信贷投入、降低融资成本、金融创新、疏通银行内部传导机制等方面提出了 24 条具体措施，督促和推动湖南省金融机构加强和改进民营企业金融服务。2019 年，湖南省地方金融监督管理局会同湖南省发展和改革委员会、湖南省财政厅、湖南省市场监督管理局、中国人民银行长沙中心支行、中国银行保险监督管理委员会湖南监管局、中国证券监督管理委员会湖南监管局等部门出台《关于缓解中小微企业融资难融资贵的若干意见》（湘金监发〔2019〕76 号）。该意见鼓励开发银行及政策性银行以转贷形式向中小银行批发资金，用于投放小微企业贷款；发挥信贷融资主渠道的作用，扩大三年期以上中小微企业贷款比例，将小微企业中长期贷款不良优先纳入信贷风险补偿，鼓励中小微企业赴"新三板"和湖南股交所挂牌融资，鼓励银行等金融机构运用现代科技手段，创新信用和风控模式，为中小微企业提供更便捷的金融服务。2019年，湖南省财政厅出台《湖南省金融发展专项资金管理办法》（湘财金〔2019〕36 号）。该办法引导金融机构加大对实体经济的服务力度，增加民营企业、小微企业、涉农企业信贷投放。2020 年，中国人民银行长沙中心支行等 10 部门联合出台《湖南省进一步强化中小微企业金融服务的若干措施》，出台"金融 12 条"，打出系列政策组合拳，多措并举强化中小微企业金融服务，全力支持保市场主体、稳定就业。

4. 人才政策支持

为激发人才活力、优化人才结构、加强人才队伍建设，湖南省近年来先后出台《中共湖南省委关于深化人才发展体制机制改革的实施意见》、《湖南省芙蓉人才行动计划》（湘办发〔2017〕42 号）、《湖南省 121 创新人才培养工程实施办法》（湘人社发〔2018〕23 号）等文件，支持特色优势产业科技创新团队发展，支持企业引进培育高素质人才。湖南省对省级战略性新兴产业目录下企业计划投资额度 5 000 万元以上的新上重大技改项目，给予一次性补助，最高补助 500 万元；对符合《湖南工业新兴优势产业链行动计划》方向、投资规模1亿元以上的重大产业项目，给予一次性奖励，最高奖励1 000万元。在长株潭自主创新示范区内，政府按一事一议方式给予顶尖人才创新团队最高1亿元、杰出人才创新团队最高3 000万元支持用于科技攻关和科研平台建设；对各类科技创新创业优秀人才（团队）创办的企业建设的实验室和生产线按项目总支出的30%给予资助，单个企业最高补贴500万元。湖南省对每个入选的省级企业科技创新创业团队资助100万元。湖南省对重点优势企业和战略性新兴产业企业引进的高层次急需紧缺人才、高技能紧缺职业（工种）人才，每年给予补贴，最高补贴150万元。在长株潭自主创新示范区内，政府为创新人才分档提供科研经费、补贴、奖励等支持，对顶尖人才给予最高1 000万元科研经费、最高300万元生活补助。此外，湖南省各地为吸引优秀人才，也相继出台人才新政，如《长沙人才新政22条》《岳阳市人才新政20条》等。

（二）按营商环境政策支持层级梳理

1. 省级政府政策支持

随着国家对民营经济发展的日益重视，湖南省在落实国家政策、优化民营经济发展环境、促进民营经济发展政策和措施上不断下功夫、出实招、见真章。继2019年2月中共湖南省委、湖南省人民政府制定并下发《中共湖南省委 湖南省人民政府关于促进民营经济高质量发展的意见》之后，2019年8月，湖南省人大常委会通过《关于依法促进和保障民营经济高质量发展的决议》，随后湖南省各职能部门及地方政府陆续出台或制定促进民营经济发展的具体政策及措施。例如，湖南省工业和信息化厅、湖南省市场监督管理局等部门制定的《湖南省推进个体工商户转型升级为企业的若干政策措施》、湖南省地方金融监管局制定的《关于缓解中小微企业融资难融资贵的若干意见》等（见表7-3）。

表 7-3　湖南省层面出台的民营经济发展营商环境政策文件

| 序号 | 民营经济发展营商环境政策文件 | 作用方面 |
|---|---|---|
| 1 | 《关于深化对接"北上广"优化大环境行动的工作方案》（湘发改公管规〔2020〕500 号） | 整体营商环境 |
| 2 | 《湖南省优化经济发展环境规定》（湘政办发〔2019〕56 号） | |
| 3 | 《湖南省发展和改革委员会关于做好〈优化营商环境条例〉贯彻实施工作的通知》（湘发改公管〔2019〕961 号） | |
| 4 | 《中共湖南省委　湖南省人民政府关于促进民营经济高质量发展的意见》 | |
| 5 | 《湖南省工程建设项目审批制度深化改革实施方案》（湘政办发〔2019〕24 号） | 政务环境 |
| 6 | 《湖南省进一步压缩企业开办时间实施方案》（湘政办发〔2018〕46 号） | |
| 7 | 《湖南省人民政府办公厅关于全面推开"证照分离"改革的通知》（湘政办发〔2018〕68 号） | |
| 8 | 《湖南省加快推进"互联网+政务服务"工作实施方案》（湘政发〔2017〕19 号） | |
| 9 | 《湖南省 2015 年推进简政放权放管结合转变政府职能工作方案》（湘政发〔2015〕30 号） | |
| 10 | 《湖南省市场监督管理局关于优化营商环境的若干意见》（湘市监办〔2020〕16 号） | 市场环境 |
| 11 | 《湖南省财政厅　国家税务总局湖南省税务局关于落实小微企业普惠性税收减免政策的通知》（湘财税〔2019〕2 号） | |
| 12 | 《湖南省推进个体工商户转型升级为企业的若干政策措施》（湘工信中小发展〔2019〕235 号） | |
| 13 | 《湖南省市场监管领域全面推行部门联合"双随机、一公开"监管实施方案》（湘政发〔2019〕10 号） | |
| 14 | 《关于缓解中小微企业融资难融资贵的若干意见》（湘金监〔2019〕10 号） | |
| 15 | 《湖南省市场监管办法》（湘政办发〔2018〕6 号） | |

表7-3(续)

| 序号 | 民营经济发展营商环境政策文件 | 作用方面 |
|------|------------------------------|----------|
| 16 | 《湖南省人民检察院关于充分发挥检察职能依法服务和保障民营企业改革发展的指导意见》(湘检发〔2020〕9号) | 法治环境 |
| 17 | 《湖南省人民代表大会常务委员会关于依法促进和保障民营经济高质量发展的决议》(2019年7月31日湖南省第十三届人民代表大会常务委员会第十二次会议通过) | |
| 18 | 《湖南省全面推行行政执法公示制度执法全过程记录制度重大执法决定法制审核制度的实施方案》(湘政办发〔2019〕23号) | |
| 19 | 《湖南省司法厅关于充分发挥职能作用,为民营企业发展营造良好法治环境的实施意见》(湘司发通〔2018〕6号) | |
| 20 | 《湖南省人民政府办公厅关于加强个人诚信体系建设的实施意见》(湘政办发〔2018〕24号) | 人文环境 |

2. 市级政府政策支持

随着中央、湖南省优化民营经济发展营商环境相关政策及措施的出台,近年来,湖南省各市(州)也相继制定政策及措施优化民营经济发展营商环境,切实解决民营经济发展难题,增强民营经济发展动力,促进民营经济高质量发展。湖南省各市(州)优化民营经济发展营商环境政策文件见表7-4。

表7-4　湖南省各市(州)优化民营经济发展营商环境政策文件

| 市(州)名称 | 优化民营经济发展营商环境政策文件 |
|------------|----------------------------------|
| 长沙市 | 《长沙市创建民营经济示范城市总体方案》(2020年7月)、《长沙市优化营商环境规定》(2020年5月) |
| 株洲市 | 《株洲市促进非公有制经济发展的十条意见》(2018年11月)、《株洲市关于促进民营企业发展的十条意见(试行)》(2018年11月) |
| 湘潭市 | 《关于集中交办营造更好发展环境支持民营企业改革发展重点工作任务的通知》(2021年1月)、《关于促进民营经济高质量发展的实施意见》(2019年3月) |

表7-4(续)

| 市(州)名称 | 优化民营经济发展营商环境政策文件 |
|---|---|
| 衡阳市 | 《衡阳市公安机关优化营商环境 服务经济社会发展十二项措施》(2021年2月)、《衡阳市对接"北上广"优化大环境行动细则》(2018年3月)、《衡阳市优化经济发展环境工作考核评价办法(试行)》(2017年8月) |
| 岳阳市 | 《关于促进金融支持民营经济发展的十条措施》(2019年2月)、《岳阳市民营和小微企业信贷风险补偿基金管理暂行办法》(2019年3月)、《关于促进民营经济高质量发展的意见》(2019年3月) |
| 郴州市 | 《关于支持民营企业发展的若干意见》(2018年3月)、《关于进一步加快产业园区发展的若干政策措施》(2017年10月)、《关于服务保障民营企业发展的若干措施》(2018年6月)、《关于为非公有制经济健康发展提供有力司法服务和保障的意见》(2018年7月) |
| 常德市 | 《民营经济高质量发展若干意见》(2019年12月)、《关于进一步降费减负促进工业企业健康平稳发展的通知》(2018年6月)、《关于促进产业园区发展若干措施的意见》(2019年3月)、《常德市帮扶工业企业十条》(2016年3月) |
| 益阳市 | 《益阳市营商环境大优化行动方案》(2020年3月)、《关于促进民营经济发展的若干意见》(2018年11月)、《益阳市加强法治保障服务优化营商环境行动方案》(2020年8月) |
| 邵阳市 | 《关于促进民营经济高质量发展的33条》(2019年5月)、《邵阳市优化营商环境10条》(2019年4月) |
| 永州市 | 《中共永州市委 永州市人民政府关于鼓励和支持民营经济高质量发展的实施意见》(2019年12月) |
| 怀化市 | 《关于进一步推动民营经济高质量发展的实施意见》(2018年10月)、《怀化市优化营商环境20条措施》(2019年6月)、《怀化市鼓励投资的若干规定》(2020年5月)、《进一步深化民营和小微企业金融服务的实施意见》(2020年7月) |
| 娄底市 | 《娄底市促进民营经济高质量发展的若干措施》(2019年5月)、《促民营经济发展具体举措》(2019年10月) |
| 张家界市 | 《关于推动民营经济高质量发展的若干意见》(2019年11月)、《优化营商环境公开承诺工作方案》(2019年11月) |
| 湘西自治州 | 《湘西自治州人民政府关于进一步深化"放管服"改革优化营商环境推进经济高质量发展的实施意见》(2019年1月)、《培育壮大实体经济推动高质量发展的若干政策》(2020年6月) |

## 三、湖南省优化专精特新企业营商环境政策实施成效

随着中央和地方各级政府优化民营经济发展营商环境政策的陆续出台及有效实施，湖南省民营经济发展营商环境不断改善、民营经济总量不断扩大、民营经济产业结构不断优化、民营经济市场主体活力不断增强、民营经济转型升级不断加快，民营经济已经成为推动湖南省产业发展、实现湖南省经济高质量发展的重要力量。

**（一）总体营商环境不断改善，政策渗透成效明显**

在《2019年全国经开区营商环境指数报告》中，长沙经济开发区排名全国第8位，较2016年的第13位上升了5个名次，其中软环境指数排名全国第5位，较2016年的第8位上升了3个名次；商务成本指数排名全国第7位，较2016年的第14位上升了7个名次；市场容量指数排名全国第6位，较2016年的第10位上升了4个名次。《2020年中国31省份营商环境研究报告》数据显示，湖南省市场环境得分为40.77分，排名第11位，较2018年的第15位上升了4个名次；政务环境得分为58.58，排名第10位，较2018年的第13位上升了3个名次；人文环境得分为61.09，排名第13位，较2018年的第18位上升了5个名次。湖南省坚持放管结合，具体营商环境指标同步向好，政策渗透到政务、市场、法治、人文等各个方面。湖南省营商环境政策渗透成效如表7-5所示。

表7-5　湖南省营商环境政策渗透成效

| 营商环境 | 成效表现 |
| --- | --- |
| 政务环境 | 湖南省持续深化"放管服"改革，2018年省本级保留行政许可事项273项，较2013年精简65%，非行政许可事项全面取消，先后向长沙市和其他13个市（州）下放省级管理权限72项、47项，赋予省直管县（市）级管理权限406项，赋予湘江新区16项省级经济管理事项直报权限。2019年，湖南省行政许可事项减缩232个环节，省、市、县三级共优化办事流程7 839个。2020年，湖南省"最多跑一次""只上一张网""只进一扇门"满意度达96.8%，一网办结率达99.69%，市（县）审批服务事项进驻政务中心办理率达92% |

表7-5(续)

| 营商环境 | 成效表现 |
|---|---|
| 市场环境 | 湖南省推进"证照分离""照后减证",统筹推进"多证合一""证照联办"改革,全面推进商事登记全程电子化、电子营业执照改革,简化企业从设立到具备一般性经营条件的办理环节,启动审批服务事项跨省异地通办。2020 年,湖南省"证照分离"改革发证 1 500 家,惠及企业近 2 万户,企业开办平均时间压缩到 5 个工作日以内,清理废除妨碍统一市场和公平竞争的文件 3 868 项 |
| 法治环境 | 2018 年 1 月至 2019 年 11 月,湖南省各级法院共受理涉民营企业的各类纠纷案件 25.3 万件,占湖南省法院受理案件总数的 18%,涉案总标的额约 1 000 亿元。2019 年,湖南省各级法院共执结涉民营企业的执行案件 7.8 万余件。2019 年,湖南省查处各类形式主义、官僚主义问题 5 000 余个,不作为、乱作为问题 736 个,查处"吃拿卡要"事件 162 起,处理 236 人 |
| 人文环境 | 湖南省开展"清懒行动"专项整治,并设立"12346"投诉举报热线电话;构建个人诚信教育机制;推进个人诚信记录建设;完善个人守信激励和失信惩戒机制。2018 年,湖南省已构建形成以"一库一网一平台"为核心的湖南省信用信息系统。2019 年,湖南省开展"办事不求人"专项整治,公布"办事不求人"易发事项"负面清单"1 000 余项。企业对政府出台"办事不求人"措施的综合评价好评率达 92% |

（二）政府办事效率不断提高，居全国前列

近年来，湖南省各级党委、政府高度重视电子政务工作，切实将其作为加强政府自身建设、提升政府现代治理能力、提高为民服务水平的重要抓手，持续推进电子政务集约化建设和信息共享，通过制度和模式创新，进一步转变电子政务发展方式，建立与改革开放形势相适应的电子政务体系，不断提升政府管理能力和公共服务水平，政府办事效率不断提高。《2020 年中国 31 省份营商环境研究报告》"政府效率"指标排名显示，湖南省"政府效率"排名全国第 7 位，居全国前列，在中部六省中排名第一，比湖北省排名靠前 1 个名次，比河南省排名靠前 6 个名次，比江西省排名靠前 11 个名次，比山西省排名靠前 13 个名次，比安徽省排名靠前 20 个名次。

（三）市场主体创新能力不断增强，创新热情高

2019年，湖南全社会研发（R&D）经费投入为787.2亿元，排名居全国第10位，占全国R&D经费投入总量的3.55%；R&D经费较上年增长19.58%，增速高于全国平均增速7.05个百分点；R&D经费投入强度为1.98%，排名居全国第13位。2019年，湖南省共授权专利54 763件，增速为11.86%；每万人有效发明专利拥有量为6.77件，比上年增加0.84件。2019年，湖南省共登记技术交易合同9 023项，同比增长49.29%；累计成交额为490.69亿元，同比增长74.21%；技术合同成交额占地区生产总值的比重为1.23%。《2020年中国31省份营商环境研究报告》"创新"指标排名显示，湖南省"创新"排名全国第9位，在中部六省中居第3位，仅比湖北省排名靠后2个名次，比安徽省排名靠后1个名次，但比河南省排名靠前3个名次，比江西省排名靠前8个名次，比山西省排名靠前11个名次。

## 四、湖南省专精特新企业营商环境政策支持存在的问题

（一）政策供给相对不足

如前所述，近年来，湖南省在优化民营经济发展营商环境方面的确出台了一系列政策及措施，内容涉及政务、市场、法治、人文等各个方面，民营经济发展营商环境较过去得到较大改善，营商环境竞争力不断提升，民营经济市场主体活力不断增强。然而，与长三角地区、珠三角地区以及其他东部沿海地区相比较，湖南省民营经济发展政策供给相对不足，政策体系不完整，营商环境整体不优。以广东省、江苏省、浙江省等民营经济发达省份为例，据统计，截至2020年年底，广东省、江苏省、浙江省以省级人民政府及省厅职能部门出台支持民营经济发展的政策分别达到176项、182项、190项，内容涵盖企业融资、技术创新、竞争公平、资源获取、市场中介、政企关系、政府廉洁、政府效率、政策透明、司法公正、社会信

用等各个方面。相比于广东省、江苏省、浙江省,湖南省以省级人民政府及省厅职能部门出台支持民营经济发展的政策仅为135项,分别为广东省、江苏省、浙江省的76.7%、74.2%、71.1%。《2020年中国31省份营商环境研究报告》数据显示,湖南省营商环境综合得分为44.95分,在31个省份营商环境排行榜中排名第26位,营商环境处于落后水平,远低于其同年人均GDP排名(第15位)。营销环境落后主要表现为法律政策缺乏,行政和司法保护供给与产权保护需求存在差距。市县两级知识产权行政机关被并入相关机构,缺乏独立性。根据对长沙市、湘潭市、郴州市、岳阳市、娄底市、邵阳市、怀化市等地部分中小民营企业关于司法诉讼结案速度、司法诉讼对知识产权有效性维持程度的满意度调查中,满意的企业仅分别占26.3%、28.9%。湖南省民营企业办理破产时间长,破产回收率低。办理破产所需时间达1.7年,破产回收率为36.9%,仅为经济合作与发展组织(OECD)高收入经济体(71.2%)的约一半;诉讼成本为22.0%,明显高于经济合作与发展组织高收入经济体(9.1%)。

(二)政策力度相对偏小

近年来,湖南省虽然在民营经济发展政策支持力度上不断加码,政策效果不断显现,但与民营经济发达省份支持民营经济发展政策力度相比较,显得相对较弱,尤其在企业技术创新、企业投融资、税收优惠政策等方面。以企业技术创新为例,《长沙市中小企业技术创新"破零倍增"三年行动计划(2020—2022)》支持企业技术创新清单显示,在鼓励企业加大研发投入方面,长沙市对高新技术企业、技术先进型服务企业和高新技术产品备案企业,按照其研发投入的2.5%给予补贴。在武汉市、上海市、广州市、杭州市等地,这一补贴都要高于长沙市,武汉市是3%,上海市是3.5%,广州市、杭州市更是达到了4%;在鼓励企业申报高新技术企业方面,长沙市对新获批的高新技术企业、技术先进型服务企业、高新技术产品备案企业,一次性给予10万元补贴,对新获批的国家级知识产权

（专利）示范企业、国家级知识产权贯标达标企业，一次性给予20万元补贴，而在武汉市、上海市、杭州市等地这两个数据均超过长沙市，武汉市分别是15万元、25万元，杭州市分别是20万元、30万元，上海市更是分别达到了25万元、35万元；在资助企业发明专利创造方面，长沙市对提出国家发明专利申请量达到50件、100件、500件以上的企业，分别一次性给予10万元、20万元、100万元资助，而在广州市这一数据分别达到15万元、25万元、120万元。

（三）政策地区差异相对较大

从湖南省各市（州）支持民营经济发展政策、优化民营经济发展营商环境来看，政策差异相对较大，主要体现在政策数量和政策力度两个方面。从政策数量上看，长沙市、株洲市、湘潭市、岳阳市、衡阳市、郴州市等政策数量较多，永州市、张家界市、邵阳市、湘西州等政策数量较少。据统计，2016—2020年，湖南省14市（州）出台支持民营经济发展政策文件数基本情况如下：长沙市12项，株洲市13项，湘潭市11项，岳阳市10项，衡阳市10项，郴州市10项，益阳市9项，常德市8项，怀化市4项，邵阳市3项，永州市3项，娄底市3项，湘西州市2项，张家界市2项。从政策支持力度来看，长沙市、株洲市、湘潭市、岳阳市等地政策支持力度明显要大于永州市、怀化市、邵阳市等地。以人才引进待遇为例，国家"新世纪百千万工程"人选，国家有突出贡献的中青年专家，国家重点学科、重点实验室、工程技术研究中心的学术技术带头人等人才引进费，邵阳市为100万元，长沙市为150万元；享受国务院特殊津贴人员，部省级有突出贡献的中青年专家，享受省政府特殊津贴专家，省级重点学科、重点实验室、工程技术研究中心的学术技术带头人等人才引进费，邵阳市为80万元，长沙市为120万元；具有全日制博士学位或具有人力资源和社会保障部门认可的正高及以上专业技术职务的专业技术及管理人员等人才引进费，邵阳市为50万元，长沙市为80万元。

（四）政策过程衔接运转相对不畅

一般来说，政策的正式出台通常由制定、执行、评估、调整四个环节组成，各个环节的顺畅接续是政策落地、有效实施的基本保障。当前，尽管湖南省各级党委、政府高度重视民营经济发展环境，也陆续出台优化民营经济发展营商环境相关政策，尤其在政策制定过程中充分收集和听取了专家学者、企业代表、社会公众的观点和建议，但在现实中，政策制定上仍然存在覆盖范围不全、出台更新缓慢等问题。例如，湖南省委、省政府在 2019 年 10 月出台《湖南省优化经济发展环境规定》文件后，各地在落实省委、省政府优化经济发展环境精神时，时间相对滞后，且时间间隔相差较大。长沙市在 2020 年 5 月出台相关措施，衡阳市、郴州市、娄底市则在 2020 年 9 月才出台相关政策与措施，而湘西南区域的邵阳市、永州市、怀化市更是快到 2020 年年底才出台相关政策与措施。此外，在民营经济发展营商环境政策执行、评估环节，也存在着执行标准不清晰、执行客体配合度不高、执行活动透明度不足、评估体系不健全等问题，直接影响政策的有效落地和实施。

（五）政策环境吸引力度相对不强

与民营经济发达的江苏省、浙江省、广东省等省份相比，目前湖南省民营经济发展营商环境政策尚未形成有力的法治约束，导致政策环境吸引力度不强。主要问题表现在以下三个方面：一是"办事求人"的思维习惯和行为习惯仍旧存在。部分地区还遗留地方保守主义思想，存在不给好处不办事的作风问题，直接影响政策环境的改善。二是"新官不理旧账"的情况不时发生。为了任期政绩，部分政府部门往往推行一系列政策，一旦人员有调整则当时的承诺就会变成一纸空文，致使企业和投资者正当权益受到损害，严重影响政府的公信力。三是陈旧经济体制机制的限制。一些政府往往过度参与市场主体的运行，延缓资本流动自由度，资本吸引力和附着力不足。

（六）政策与措施的完善程度相对不够

政策与措施完善程度的高低在很大程度上决定着政策实施效果的好坏，也决定着实施对象对该政策评价的好坏。政府作为政策的制定者、组织者和引导者，在政策配套措施完善方面起着重要的作用。当前，湖南省各级政府在制定优化民营经济发展营商环境政策时，存在政策配套措施完善度相对不够的问题。其主要表现在以下几个方面：一是部分带有强制色彩、已过政策实效甚至与上位法律相抵触的政策仍存在遗留效力，阻碍企业依法自主经营。政策执行采取"上有政策，下有对策"的策略。二是信用数据的建立未形成体系，信用意识普遍不强，信用事项的应用范围有待扩展。征信的约束力和"黑名单"的震慑力未在政策层面上形成效应。三是"社会共治"的格局尚未形成。政府作为营商环境政策主体，行使其职能的依据是营商环境政策赋予的权力。同时，社会共治格局的建立必不可少，在营商环境建设中，政府固然是主体，但社会公众和第三方机构的力量还没有发挥到位。

（七）法律政策环境建设相对滞后

《2020 年中国 31 省份营商环境研究报告》数据显示，湖南省在"政府透明度""司法质量"等指标方面的得分较低，排名靠后，处于垫底位置。从"政府透明度"排名来看，湖南在 31 个省份中排名第 27 位，在中部六省中排名倒数第一位，比湖北省落后 1 个名次，比河南省落后 4 个名次，比山西省落后 5 个名次，比江西省落后 14 个名次，比安徽省落后 26 个名次。从"司法质量"排名来看，湖南省在全国 31 个省份中排名第 30 位，远远落后于中部其他五省，比山西省排名落后 7 个名次，比湖北省排名落后 10 个名次，比江西省排名落后 18 个名次，比河南省排名落后 21 个名次，比安徽省排名落后 28 个名次。

## 五、湖南省专精特新企业营商环境优化对策

（一）加大政策供给数量和力度

参照浙江省、江苏省、广东省、上海市等民营经济发达省份优化民营经济发展的营商环境政策及措施，当前及今后，湖南省要加大政策供给数量和力度，落实好《湖南省优化经济发展环境规定》及对接"北上广"优化大环境工作方案97项改革举措。在政策供给数量方面，湖南省重点加强法律政策的制定，提高政策透明度和确保司法公正。一是湖南省推进司法文化建设，树立司法行政良好社会形象，打造司法行政文化品牌。二是湖南省优化当事人司法公开、法律职业化、行政司法程序、证据制度、民事司法程序、司法权力、当事人诉讼权利、刑事司法程序、司法腐败遏制等。具体措施如下：构建开放、动态、透明、便民的阳光司法机制，促进司法过程和裁判结果依法公开；大力提升法律职业人员的适格性和职业道德素养，完善职业保障机制；完善行政诉讼体制机制；完善证据制度；确保民事审判符合公正要求以及民事诉讼裁判得到有效执行；加强司法文化建设，增强司法公信力；增强公众参与司法、接受司法裁判的意识；杜绝司法腐败。在政策力度方面，湖南省重点加大企业技术创新、企业投融资、税收优惠等政策支持力度，在贯彻国家有关政策的基础上，结合本地实际适当加大政策支持力度，促进民营企业更好更快实现高质量发展。

（二）促进各区域政策协调发展

湖南省要加大对湘中地区、湘西地区和湘南地区各市（州）民营经济发展营商环境的政策支持力度，鼓励、引导湘中地区、湘西地区和湘南地区各市（州）政府在国家发展民营经济政策制度下结合自身实际，创新政策，多出台本地特色鲜明、富有竞争力的民营经济发展政策。当前及今后，邵阳市、怀化市、永州市、湘西州等要重点加强融资、市场公平、人才吸引、资源获取、市场中介、政企关系、政府廉洁、政策透明、司法公

正、社会信用等方面政策制定，参照长沙市、株洲市、湘潭市及省外发达地区先进经验和做法，多出政策、出好政策，提升民营经济发展营商环境政策竞争力，促进湖南省各地区民营经济发展政策协调，实现各地区民营经济高质量发展。

（三）优化政策过程

依据政策执行循环模型，当前及今后，湖南省在发展民营经济营商环境政策制定过程中，一是要提升政策制定的规范性，确保后续政策执行科学、有效。二是要提高政策执行的透明度，保障不同市场主体依法获取政策信息的权利，营造公平的市场竞争环境，尽快推进政策透明化、纳税制度透明化，畅通公共信息渠道，真正实现透明治理。未来，湖南省应继续完善统一的互动交流平台，帮助用户精准查找获取政府信息和服务，健全政务公开流程。三是要构建科学的评估体系，准确评估政策执行效果。四是要重视政策的动态调整，依据市场环境变化需求适时调整民营经济发展相关政策，避免政策出台迟滞，影响政策含金量。

（四）改善政策环境

优质的政策环境应当松紧适度，收放自如，提升民营经济发展营商环境的吸引力和附着力。针对民营经济政策环境吸引力度不强的问题，当前及今后，湖南省应在法治政府、法律法规以及督查问责等方面加大政策出台力度，改善政策环境。一是湖南省要加快推进法治政府建设，尽快出台湖南省法治政府建设实施方案，明确湖南省各职能部门法治政府建设的责任清单、权力清单和运行流程图并动态更新，全面依法履行政府职能，转变政府干预企业的模式，将属于政府的权力归还政府，将属于市场的权力下放市场，理顺政府和市场的权责，在相互配合中释放活力。二是湖南省要提供法律法规支撑，将政策、措施等以法律法规形式确定下来，真正形成可以参考的政策依据，以法治思维推进依法执政。三是湖南省要加大督查问责力度，坚持问题导向，紧盯政务服务办事大厅及窗口单位建设运行情况，在落实营商环境政策过程中，对干部的工作状态、服务质量、业务流程等进行督查检查，对一些服务不到位、官气十足、"吃拿卡要"等问题要严肃曝光整治。湖南省要对损害企业和群众利益、破坏营商环境的问题"零容忍"，树立服务意识，改变一些政府机构的"特权思想"和"衙门作风"，构建"亲""清"新型政商关系，推进政务诚信建设，营造与现代化经济体系相适应、更加开放规范可预期的民营经济发展营商环境。四是湖南省要制定司法公正措施，使法律成为民德，真正做到以理念促公正，引领司法工作科学开展；以公开促公正，着力构建开放、动态、透明、便民的阳光司法机制；以规范促公正，把权力关进制度的笼子；以改革促公正，牵住提高司法公信力的"牛鼻子"。

# 第八章 发挥专精特新"小巨人"企业示范引领作用的措施及建议

## 一、聚焦梯度培育，创新构建"三级"培育体系

优质中小企业由创新型中小企业、专精特新中小企业和专精特新"小巨人"企业三个层次组成。其中，创新型中小企业具有较高的专业化水平、较强的创新能力和发展潜力，是优质中小企业的基础力量；专精特新中小企业实现专业化、精细化、特色化发展，创新能力强、质量效益好，是优质中小企业的中坚力量；专精特新"小巨人"企业位于产业基础核心领域、产业链关键环节，创新能力突出、掌握核心技术、细分市场占有率高、质量效益好，是优质中小企业的核心力量。

（一）形成创新型中小企业"蓄水池"

各级政府要持续抓好优质中小企业入库培育工作，深入实施大众创业万众创新政策，推动小微企业创新创业活动，加大创新型中小企业培育孵化力度；发挥中小企业创新创业大赛等重大平台赋能作用，充分激发企业创新创业活力，推动创新创业人才和优质项目落地孵化，形成创新型中小企业"蓄水池"。

（二）跑出专精特新成长"加速度"

各级政府要全面挖掘优质中小企业资源，建立专精特新企业培育库，推动符合条件的创新型中小企业入库培育，动态跟踪入库企业运行情况，

积极开展辅导和服务。政府、企业、科研院所要合力建立战略合作关系，共同建设专精特新"加速器"，引导创新要素向专精特新企业集聚，进一步激发企业创新活力，为企业专精特新发展全方位赋能。

（三）培育专精特新"小巨人"企业"领头雁"

各级政府要聚焦中央和地方重点打造的产业链及产业集群，遴选基础条件好、创新能力强、发展潜力大的重点专精特新企业，采取"一企一策"、服务专员等方式进行重点支持，推动创新要素向企业集聚、服务向企业集结、政策向企业集成；指导专精特新企业与高校、新型研发机构合作，协同推进关键技术研发与科技成果转化应用，加快培育专精特新"小巨人"企业。

## 二、聚焦精准服务，打造"三位一体"政策服务体系

各级政府要牢牢把握有为政府服务有效市场的本质要求，聚力打造产业、政策、服务"三位一体"的发展生态，持续激发市场活力和企业发展的内生动力。

（一）加大政策支持力度

各级政府要持续加大制度创新供给力度，构建起工业强国、工业强省、工业强市等政策体系，从强化要素保障、强化创新激励、强化投资激励等方面加大政策支持力度；以高质量发展为导向，统筹推进实施专精特新中小企业惠企奖励政策和专项行动。

（二）畅通融资渠道

创新构建"五位一体"融资服务体系，切实帮助中小微企业解决融资难、融资贵的难题；搭建数字金融赋能平台，实现对专精特新企业的全面覆盖。各级政府可以量身定制研发"专精特新贷"等专项产品，为专精特新企业提供融资担保服务；联合银行、保险、证券等金融机构，开展专精特新企业专项服务合作，在小额贷款、商业保理、融资租赁等多业务板块

开发出专精特新专项产品，在融资成本、业务受理等方面打造专精特新融资绿色通道。

（三）提升服务质效

各级政府要持续完善服务企业常态长效机制，加强小微企业"双创"基地和公共服务平台建设，不断提高"双创"服务能力，为各类"双创"主体健康发展提供有效支撑，分行业、分领域、分专题策划开展产销衔接活动，有效促进产业链上下游企业合作共赢、融通发展。

（四）加强创新赋能，注入创新活力

各级政府要开展数字化赋能、科技成果赋智、质量标准品牌赋值中小企业的"三赋"行动，加速科技成果向中小企业转化和集聚，加快推进中小企业数字化转型，引导企业以卓越品质提高质量效益，以标准能力提升市场地位，以品牌信誉增强核心价值，形成综合发展优势。

## 三、聚焦务实举措，为专精特新"小巨人"企业发展壮大注入新动能

专精特新"小巨人"企业是中小企业群体的领头羊，为我国企业创新转型发挥了示范引领作用，是国家强链补链的生力军，是推动我国从制造大国走向制造强国建设的重要力量。

（一）为专精特新"小巨人"企业注入更多活水

专精特新"小巨人"企业，顾名思义，要的就是"小块头"。"船小好调头"，发挥专精特新"小巨人"企业的创新性和灵活性，在某个方面深入挖掘，取得创新突破，就会激发和带动更强大的发展动能。从工业和信息化部公示的五批次专精特新"小巨人"企业情况来看，更多政策活水都注入了中小微企业。从规模上看，中型企业占比为44%，小微型企业占比为56%；从类型上看，民营企业占比为84%，国有企业占比为9%，合资和外资企业占比为7%。有持续不断的活水浇灌，有中小微企业和民营

企业的蓬勃发展，专精特新"小巨人"企业正如雨后春笋般不断破土而出。对于各地政府而言，其要注重各类中小微企业的发展，关键时刻要帮一把，引导它们迈上创新发展之路，为专精特新"小巨人"企业的培育注入源头活水。

（二）发挥专精特新"小巨人"企业的活力和韧性

能够成为专精特新"小巨人"企业也不是一件容易的事情，关键要有一种专注与韧性。从五批次专精特新"小巨人"企业的具体情况来看，专业化趋势不断明显，专注度更加集中，尤其是在某个细分领域中的作用更加突出。简而言之，专精特新"小巨人"企业虽小，但对推动经济社会发展有巨大的引领和支撑作用，很多企业都在强链补链方面发挥了重要作用，成为增强发展活力、支撑高质量发展的重要力量。专精特新"小巨人"企业是扎根中国经济发展第一线的实体企业，各级政府不仅要积极培育这些企业，更要持续发挥它们在产业链和发展链上的作用，激发这些企业的活力和韧性，推动经济高质量发展。

（三）引领专精特新"小巨人"企业创新性发展

专精特新"小巨人"企业本身具有强大的发展动力与活力，即便是在激烈的市场竞争中，也能够实现成长，赢得发展先机。发展的奥秘就在于专精特新"小巨人"企业自身具有强大的创新性，无论是从研发投入还是营业收入来看，增速都比较快。统计数据表明，专精特新"小巨人"企业平均研发经费占营业收入的比重高于规模以上工业企业平均水平，因此各级政府要持续激发专精特新"小巨人"企业的创新活力，让更多的专精特新"小巨人"企业不断发展壮大，进而让专精特新"小巨人"企业引领更多的中小企业走创新发展之路。

（四）重点支持专精特新"小巨人"企业协同创新

各级政府要重点支持专精特新"小巨人"企业加大创新投入力度，加快技术成果产业化应用，推进工业"四基"领域〔关键基础材料、核心基础零部件（元器件）、先进基础工艺、产业技术基础〕或重点产业领域"补短板"和"锻长板"。各级政府要重点支持专精特新"小巨人"企业与行业龙头企业协同创新、产业链上下游协作配套，支撑产业链补链延链固链、提升产业链供应链稳定性和竞争力。各级政府要重点支持专精特新"小巨人"企业开展数字化、网络化、智能化改造，使业务系统向云端迁移，并通过工业设计促进提品质和创品牌。

## 四、聚焦协同创新，为专精特新"小巨人"企业上市创造条件

各级政府要重点支持专精特新"小巨人"企业加快上市步伐，加强国际合作等，进一步增强发展潜力和国际竞争能力；重点支持公共服务示范平台为专精特新"小巨人"企业提供技术创新、上市辅导、创新成果转化与应用、数字化智能化改造、知识产权应用、工业设计等服务。

（一）勇于创新、重视人才

专精特新"小巨人"企业要加强对工艺、技术的研发创新，生产精良产品、提供精致服务，形成核心竞争力，坚持特色化发展，专心专注做好产品。在人才引进培育方面，各级政府要全力支持，在校企合作、招工用工、教育培训等各方面积极探索，整合利用好教育资源，发挥好职业教育人才培养作用。

（二）解放思想，拓宽思路

专精特新"小巨人"企业要围绕目标定位，不断加大研发投入力度，制订上市挂牌计划并启动相关工作，借助资本市场，增强市场竞争力，利益共享、风险共担，勇于开拓进取，不断增强融资能力、拓宽融资渠道，推动企业行稳致远。

（三）主动对标、抓实抓细

对专精特新"小巨人"企业发展中存在的问题，各级政府要精准对接，强化服务保障，努力解决。专精特新"小巨人"企业要主动对标找差

补短，形成工作合力。各方为企业上市和专精特新"小巨人"企业培育奠定坚实的基础，创造成熟的条件。

## 五、"三点发力"，推动专精特新"小巨人"企业高质量发展

中国电子信息产业发展研究院中小企业研究所房旭平、王世崇、罗骞指出，"专精特新"的灵魂是创新，未来应从培育机制、服务供给和生态体系建设三个方面重点发力。

（一）健全企业梯度培育机制，扩大创新型企业群体

各级政府要完善"孵化—培育—扶持—引导"递进式培育机制，科学制订针对性强的分阶段梯度培育计划，推动专精特新"小巨人"企业实现从初创孵化到成长发展，再到成熟壮大的生命周期递进。各级政府要统筹推进包含创新、财税、金融和人才政策等在内的政策体系建设，强化政策之间的系统衔接和配套互补。中央和地方要加强专精特新"小巨人"企业培育的政策联动，鼓励地方在国家政策指导下深化细化具体措施，提升政策精准性和有效性。各级政府要定期组织第三方机构，对扶持政策覆盖面、匹配度、落地性等进行评估，根据评估结果反馈，动态调整支持政策及支持方式。

（二）强化共性技术服务供给，持续提升创新能力

各级政府要加强专精特新"小巨人"企业的关键共性技术供给，聚焦制造业核心细分领域，布局建设一批重点面向专精特新"小巨人"企业和产业基础领域的公共技术研发平台和新型共性技术研发平台；加大对专精特新"小巨人"企业研发创新项目支持力度。国家重点研发计划应单列一定预算资助专精特新"小巨人"企业开展研发活动，引导企业持续加大研发创新和关键核心技术攻关。各级政府要推动龙头企业、高校和科研院所向专精特新"小巨人"企业开放创新资源，广泛吸纳专精特新"小巨人"企业参与组建创新联合体，开展高端和前瞻技术研发，提升细分领域创新能力。

（三）完善产业生态体系建设，推动大中小企业融通发展

各级政府要构建产业链上下游分工协作的良好生态，鼓励龙头企业向专精特新"小巨人"企业开放场景应用、共享生产要素，吸引上游企业全生命周期参与下游企业产品开发。各级政府要推动龙头企业与专精特新"小巨人"企业建立利益共享、风险共担机制，探索采取战略合作、股权连接、大企业裂变、中小企业聚变以及打造企业生态圈和共享制造平台等模式，促进上下游企业之间的整体配套、有机衔接。各级政府要联合科研院所、金融机构、行业内龙头企业以及专业化服务商等多元主体，共同打造支撑专精特新"小巨人"企业发展的多元化服务生态，促进专精特新"小巨人"企业融入本地产业生态。

# 参考文献

薄利娜，2018. 经济新常态下专精特新企业科技创新体系构建研究［J］.
　品牌研究（6）：122，125.

曹虹剑，张帅，欧阳饶，等，2022. 创新政策与"专精特新"中小企业
　创新质量［J］. 中国工业经济（11）：135-154.

曹晶颖，杨忠敏，张洁，等，2021. 汽车行业绿色技术创新效率研究［J］.
　合作经济与科技（17）：14-16.

曹思未，蔡随宝，杨洋，等，2019. 国有企业和非国有企业的创新产出与
　创新特征分析：基于2016年广州市创新调查和wind数据库的实证研究
　［J］. 中国科技论坛（6）：102-108.

陈红，张玉，刘东霞，2019. 政府补助、税收优惠与企业创新绩效：不同
　生命周期阶段的实证研究［J］. 南开管理评论（3）：187-200.

陈俊龙，唐秋，2022. 基于三阶段DEA-Malmquist方法的中国共享制造
　高质量发展效率测度研究［J］. 工业技术经济，41（3）：106-115.

陈游，2023. 提升专精特新"小巨人"企业创新能力的路径研究：基于与
　德国隐形冠军企业的比较分析［J］. 西南金融，2023（8）：73-84.

刁秀华，李姣姣，李宇，2018. 高技术产业的企业规模质量、技术创新
　效率及区域差异的门槛效应［J］. 中国软科学（11）：184-192.

丁建军，王淀坤，刘贤，2023. 长三角地区专精特新"小巨人"企业空间分布及影响因素研究 [J]. 地理研究 (4)：1009-1028.

丁永健，吴小萌，2023. "小巨人"企业培育有助于提升制造业中小企业创新活力吗：来自"专精特新"政策的证据 [J]. 科技进步与对策，40 (12)：108-116.

范子英，彭飞，2017. "营改增"的减税效应和分工效应：基于产业互联的视角 [J]. 经济研究，52 (2)：82-95.

付振坤，何文彬，2022. "专精特新"企业创业创新效率测度及提升：基于三阶段 DEA 模型 [J]. 北方金融 (6)：60-65.

郭建华，肖功为，2021. 湖南民营经济发展分析报告 [J]. 邵阳学院学报 (社会科学版)，20 (3)：43-50.

郭亚军，2010. 基于最小方差法的动态综合评价方法及应用 [J]. 系统工程与电子技术 (6)：1225-1228

郭玥，2018. 政府创新补助的信号传递机制与企业创新 [J]. 中国工业经济 (9)：98-113.

寇宗来，刘学悦，2020. 中国企业的专利行为：特征事实以及来自创新政策的影响 [J]. 经济研究 (3)：83-99.

雷根强，郭玥，2018. 高新技术企业被认定后企业创新能力提升了吗：来自中国上市公司的经验证据 [J]. 财政研究 (9)：32-47.

黎文靖，郑曼妮，2016. 实质性创新还是策略性创新？宏观产业政策对微观企业创新的影响 [J]. 经济研究 (4)：60-73.

李向东，李南，刘东皇，2015. 高技术产业创新效率影响因素分析 [J]. 统计与决策 (6)：109-113.

李远勤，2016. 所得税优惠与政府背景对民营企业技术创新投入的影响 [J]. 系统管理学报，25 (5)：930-939，947.

林洲钰，林汉川，邓兴华，2013. 所得税改革与中国企业技术创新［J］. 中国工业经济（3）：113-125.

刘建民，唐红李，吴金光，2019. 企业异质背景下"营改增"对技术创新的微观效应研究：基于准自然实验的 PSM 实证检验［J］. 中国软科学（9）：134-142.

柳光强，2016. 税收优惠、财政补贴政策的激励效应分析：基于信息不对称理论视角的实证研究［J］. 管理世界（10）：62-71.

卢剑峰，2019. 基于跨层次分析的专精特新企业创新行为与创新绩效研究［J］. 沿海企业与科技（4）：30-34.

陆岷峰，高绪阳，2022. 关于新时期进一步推动中小企业群体高质量发展的路径研究：基于培育"专精特新"中小企业视角［J］. 新疆社会科学（5）：61-72，178-179.

罗军，2018. 融资约束与专精特新企业技术创新类型选择［J］. 软科学（1）：73-77.

毛军权，敦帅，2023. "专精特新"中小企业高质量发展的驱动路径：基于 TOE 框架的定性比较分析［J］. 复旦学报（社会科学版）（1）：150-160.

庞兰心，官建成，2018. 政府财税政策对高技术企业创新和增长的影响［J］. 科学学研究，36（12）：2259-2269.

钱丽，王文平，肖仁桥，2019. 产权性质、技术差距与高技术企业创新效率［J］. 科技进步与对策（12）：105-114.

时省，赵定涛，洪进，等，2013. 集聚视角下知识密集型服务业对区域创新的影响研究［J］. 科学学与科学技术管理，34（12）：167-174.

唐孝文，2019. 低碳经济下北京现代制造业创新能力影响因素研究［J］. 科研管理（7）：87-96.

王娟，金智新，邓存宝，等，2019. 基于前景理论的三角犹豫模糊多属性决策方法［J］. 运筹与管理（7）：26-33

王彦超，李玲，王彪华，2019. 税收优惠与财政补贴能有效促进企业创新吗？基于所有制与行业特征差异的实证研究 [J]. 税务研究（6）：92-98.

王彦玲，2019. 国企与民企创新机制和效率比较与改进研究 [J]. 科学管理研究（2）：112-116.

吴忠涛，张琅，张裕华，2018. 经济转型时期的科技型企业创新效率比较研究 [J]. 当代经济科学（3）：57-65.

杨浩昌，李廉水，刘军，2016. 高技术产业聚集对技术创新的影响及区域比较 [J]. 科学学研究（2）：54-61.

杨启浩，2016. 河南省中小专精特新企业技术创新体系建设研究 [J]. 经营与管理（6）：103-106.

杨威，庞永锋，2018. 基于 DEMATEL 和 TOPSIS 的多值中智模糊多属性决策方法 [J]. 模糊系统与数学（3）：136-143.

张杰，2020. 政府创新补贴对中国企业创新的激励效应：基于 U 型关系的一个解释 [J]. 经济学动态（6）：91-108.

张杰，郑文平，2018. 创新追赶战略抑制了中国专利质量么 [J]. 经济研究（5）：28-41.

张同斌，高铁梅，2012. 财税政策激励、高新技术产业发展与产业结构调整 [J]. 经济研究（5）：58-70.

张兆国，曹丹婷，向首任，2017. 制度背景、董事长任期与企业技术创新绩效 [J]. 中国软科学（10）：114-127.

赵巧芝，刘倬璇，崔和瑞，2022. 互联网发展、技术市场与高技术产业技术创新效率：基于 SBM-熵权-Tobit 模型的实证检验 [J]. 技术经济，41（6）：1-10.

赵玉林，胡燕，2018. 高技术产业创新绩效的累积效应：基于阶段性和滞后期的实证分析 [J]. 中国科技论坛（10）：101-110.

邹洋，聂明明，郭玲，等，2016. 财税政策对企业研发投入的影响分析 [J]. 税务研究，（8）：42-46.

JAN KMENTA，2010. Mostly harmless econometrics：An empiricist's companion [J]. Economic Record，45（1）：75-76.

SEYED ALI RAKHSHAN，2017. Efficiency ranking of decision making units in data envelopment analysis by using TOPSIS-DEA method [J]. Journal of the Operational Research Society（4）：1-13.

XIAOLAN FU，JUN HOU，XIAOHUI LIU，2018. Unpacking the relationship between outward direct investment and innovation performance：Evidence from Chinese firms [J]. World Development，102：111-123.

XU E，XU K，2013. A multilevel analysis of the effect of taxation incentives on innovation performance [J]. IEEE Transactions on Engineering Management，60（1）：137-147.

# 后记

　　本书是笔者主持的湖南省社科基金课题"'专精特新'政策赋能湖南中小企业技术创新的效应评价及优化路径研究"（项目编号：22JD057）的阶段性研究成果。

　　本书第三章"湖南省专精特新'小巨人'企业发展现状、面临的困难及对策"经精简后在湖南智库成果专报《决策参考》（2023年第52期）刊发过。

　　本书中部分内容引自国家相关部门政策文件和各省、自治区、直辖市政策文件，在此加以说明并表示感谢！

　　本书的出版得到了邵阳学院经济与管理学院诸多同仁的大力帮助和支持，得到了邵阳学院科技处的资助，在此一并感谢！

　　由于各种条件的限制，书中错漏在所难免，敬请专家、学者批评指正。

郭建华

2024 年 1 月于邵阳学院